纪念王音旋先生
逝世十周年

纪念文集 王音旋

第三卷

歌　谱

主　编

刘晓静

分卷主编

王世慧　何清涛

文化艺术出版社
Culture and Art Publishing House

扫描二维码
欣赏书中歌曲

目 录

001　前　言　　　　　　　　　　　　　　　　王世慧

金西创作歌曲

007　我的家乡沂蒙山

011　清蓝蓝的河

015　请到沂蒙看金秋

019　红花朵朵献雷锋

022　微山湖采菱歌

028　我唱家乡美景多

033　家乡的河母亲的河

038　明湖秀丽风光美

042　泰山景

046　牡丹美

050　高山上的百灵鸟

057　山东，我亲爱的家乡

061　想起了咱们的好日子

066 光辉的太阳

073 我到沂蒙来拜年

081 风儿哟风儿

088 唱起山歌乐悠悠

097 微山湖荡起采莲船

104 我们快乐的把歌唱

108 唱吧！欢乐的小鸟

115 回到久别的故乡

121 养蜂姑娘

126 采山花的姑娘

131 夸地瓜

133 挑花边

137 春　夜

141 有一条这样的河

146 节日圆舞曲

150 扬起鞭子唱起歌

154 沂蒙山里果树多

157 怀念敬爱的周总理

161 石油工人意志坚

其他作者创作歌曲

167 盼解放

169 支前小唱

173 烈士的颂歌

175 永远跟着共产党

179　琴声悠悠唱济南

181　谁不说俺家乡好

186　天上北斗亮晶晶

189　啊！柳泉，蒲松龄的故乡

195　蓬莱景

199　浪　花

民　歌

205　沂蒙山小调（蒙阴）

209　妈妈娘你好糊涂（海城）

211　撒大泼（临清）

214　赶牛山（淄博）

218　王大娘喂鸡（夏津）

221　五更小唱（枣庄）

226　大辫子甩三甩（泗水）

231　绣荷包（高密）

238　绣荷包（龙口）

242　对　花（聊城）

247　包楞调（成武）

252　对　花（鄄城）

254　裁单裤（商河）

264　二妹子（微山）

269　纺棉花（苍山）

271　傅二姐赶庙（平度）

275　哭长城（淄博）

282 手把着槐树看郎来（枣庄）

291 梳 妆（武城）

295 思 夫（泗水）

297 梧桐叶落金风送（日照）

304 绣灯笼（宁津）

310 绣饭单（武城）

314 绣荷包（苍山）

319 玉美情人（武城）

325 月下纺棉（安丘）

327 织兜兜（苍山）

331 大踏青（苍山）

337 看姑娘（临清）

339 看 郎（聊城）

342 棉乡小唱（博兴）

344 四季歌（历城）

346 绣花针（济宁）

348 绣针纹（昌邑）

351 打秋千（青州）

歌曲简介

355 一、金西创作歌曲

365 二、其他作者创作歌曲

367 三、民 歌

附　录

381　王音旋先生早期演唱音频目录
385　王音旋先生部分唱片及盒式磁带资料

前　言

王世慧[*]

　　本卷为《王音旋纪念文集》的第三卷——歌谱。本卷汇集了王音旋先生演唱的歌曲曲谱共计 77 首[1]。为了便于教学使用，采用了五线谱形式记谱，且全部由专业作曲家编配了钢琴伴奏，并附歌曲简介，包括曲式结构、音乐风格等内容。卷末为王音旋先生早期演唱的歌曲音频与部分唱片、磁带资料。

　　王音旋先生和金西先生伉俪情深、相濡以沫，携手为山东的音乐事业无私奉献，倾尽一生。王音旋先生是金西先生作品的第一个诠释者、演绎者。第一部分为王音旋先生演唱的金西创作歌曲，共 32 首，包括《我的家乡沂蒙山》《清蓝蓝的河》《请到沂蒙看金秋》《微山湖荡起采莲船》《微山湖采菱歌》《我唱家乡美景多》等，题材多反映

---

*　王世慧，女，山东沂源人。山东艺术学院音乐学院教授、硕士研究生导师、原党总支书记，山东省音乐家协会副主席，中国歌唱家协会副主席，中国民族声乐艺术研究会理事，享受国务院政府特殊津贴，全国优秀教师，山东省模范党员文化艺术工作者，山东省优秀中青年艺术家，山东省"德艺双馨"中青年艺术家，山东省"巾帼建功"标兵。在全国第一届青年歌手电视大奖赛中获二等奖第一名，"华东六省一市"民歌会演中获一等奖第一名，演唱的《山妮》荣获第六届"康佳杯"中国音乐电视大赛铜奖。出版四本专著，其中 2006 年出版的《山东民歌与演唱》获山东省文化厅艺术科学优秀成果一等奖。

[1]　这 77 首曲谱由王音旋先生编著的《金西创作歌曲集》(黄河出版社，2007)、《民族声乐教材》[山东艺术学院（油印），1987]、王音旋先生演唱音频，与《山东民间歌曲选》(山东人民出版社，1980)、《中国民间歌曲集成·山东卷》(中国 ISBN 中心，2000) 汇集（记录）而成。部分曲谱在遵从王音旋先生与金西先生原作（唱）的基础上，做了修订与完善，特此说明。

城乡的生活变化，素材则源自民间，故而旋律优美、结构简洁，既有浓郁的生活气息，又有鲜明的山东风格，兼具艺术的高雅和大众的通俗，深刻地反映了在时代变迁下山东人民巨大的生活转折。

第二部分为王音旋先生演唱的其他作曲家创作歌曲，共 10 首。有 7 首为脍炙人口的电影插曲，分别是电影《苦菜花》系列插曲 4 首，电影《大浪淘沙》插曲《琴声悠悠唱济南》、电影《红日》插曲《谁不说俺家乡好》，以及电影《大刀记》插曲《天上北斗亮晶晶》。王音旋先生以深厚的演唱功底和修养，将影片的人物情感和故事情节准确而生动地表达出来，造就了一代经典影视乐音。其余 3 首歌曲描绘了山东的人文历史和风土人情，如原任教于山东艺术学院的徐学吉教授创作的《啊！柳泉，蒲松龄的故乡》，原前卫歌舞团著名作曲家臧东升创作的《蓬莱景》以及音乐史学家、教育家孙继南教授创作的《浪花》。

第三部分为王音旋先生演唱的民歌，共 35 首，其中山东民歌 34 首，辽宁民歌 1 首。它们大多属于传统民歌的范畴，如《赶牛山》《王大娘喂鸡》《绣荷包》等；也有一些属于"新民歌"，如《沂蒙山小调》《大辫子甩三甩》等。王音旋先生对这些源自民间的音乐珍宝进行了艺术化的加工提炼，从而将其提升到艺术的高度并纳入民族声乐的教学体系中，这对鲁派民族声乐的确立和推动，以及传统民歌传承与发扬起了巨大的推动作用。

第四部分是以上收录歌曲的简介，包括词曲作者、曲式结构、表现内容和音乐性格，以及演唱要点提示等，供读者参考。

附录收集了王音旋先生早期演唱的 33 首歌曲音频，以及中国唱片社为她灌制的密纹唱片、薄膜唱片以及盒式磁带的封面、内页等资料选编。这些歌曲的演唱、录音时间大约自 1963 年开始至 20 世纪 80 年代初，主要从中国唱片社发行的以下 7 张唱片：78 转粗纹唱片（1-5969，1963）；78 转粗纹唱片（1-6193，1963）；33 转密纹唱片《我的家乡沂蒙山——1964 年山东省群众歌舞会演节目选》（XM-994，1964）；78 转粗纹唱片（1-7447，1965）；33 转密纹唱片（M-2841，1982）；盒式磁带《我的家乡沂蒙山——王音璇（女高音）独唱》（HL-99，1982）；盒式磁带《沂蒙山小调——

山东民歌选辑》(HL–148，1983)，以及其他各类载体的音像制品中精选成集。在"音频目录"中配有播放音频的二维码，供读者欣赏、收藏。这些音频资料展示了中国声乐事业早期发展的筚路蓝缕，以及王音旋先生在中国早期声乐演唱与教学中的突出成就和崇高地位。

善歌者，使人继其声，善教者，使人继其志。王音旋先生正是这样一位一生为齐鲁大地歌唱、为齐鲁培养出一批批优秀民族声乐人才的艺术家、教育家。愿我们通过此卷赏其歌、明其志，向民间学习，为人民歌唱，将歌声唱到人们的心坎儿里，在传承、弘扬中华传统优秀文化的道路上砥砺前行，为中国新时代文化事业的发展汇聚磅礴力量。

2023 年初夏

金西创作歌曲

我的家乡沂蒙山

朝中、左云、黄凌词
金　　　西曲
王　再　一配伴奏

赞美地

1.2.我 的 那 家 乡 沂 蒙 山，

高 高的山峰入 云 端，
果 树成林粮 满 川，

清蓝蓝的河

李 济 胜词
李 衷 一改词
金　　西曲
何新苏配伴奏

中速　抒情、欢畅地

1.清　蓝 蓝 的　河 呀　　曲 曲 又 弯　弯，
2.绿　茵 茵 的　树 呀　　一 山 又 一　山，
3.肥　油 油 的　地 呀　　一 片 又 一　片，

就　　像那长流水呀　　奔腾永向前。
就　　像那长青树呀　　高高入云端。
走　　向那富裕路啊

一步一层天，　一步一层天。

请到沂蒙看金秋

孙 洪 威词
金 西曲
霍存慧配伴奏

中速 亲切、优美地

1.请到俺那沂　蒙 啊　看金　秋,
2.请到俺那沂　蒙 啊　看金　秋,

蒙　山沂河铺　　锦绣,
山　乡一步一　　层楼,

牛羊肥又壮　啊，　花果压枝头　啊，
五业都兴旺　啊，　同饮丰收酒　啊，

沂河两岸稻浪翻哪，　绿水那个荡　漾
运棉的铁牛送粮的车，　盘山那个路　上

金波流啊。　哎
飞快地走啊。　哎

(嘚儿咿呀 嘚儿咿呀 嘚儿那 哈哎 咳咿呀)
(嘚儿咿呀 嘚儿咿呀 嘚儿那 哈哎 咳咿呀)

山区的秋天多么美呀, 就像那 一幅 画,
山区的秋天多么美呀, 就像那 一首 歌,

让人看不够啊, 看不 够啊(哎咳咿呀)。
让人唱不够啊, 唱不 够啊(哎咳咿呀)。

红花朵朵献雷锋

丁　任词
金　西曲
毕茜茜配伴奏

中速　颂扬、亲切地

1.一 朵 花 儿 红 通 通， 红 通 通，
2.二 朵 花 儿 红 艳 艳， 红 艳 艳，
3.三 朵 花 儿 红 似 火， 红 似 火，
4.朵 朵 花 儿 遍 地 开， 遍 地 开，

祖 国　花 朵　遍 地 红，　遍　地　　红。
爱 人 民　他 像　春 天 暖，　也 春 天　　暖。
刀 山　火 海　也 能 过，　也　能　　过。
革 命 的　花 朵　开 不 败，　开　不

败。

注：一、三段唱完加过门

微山湖采菱歌

孙 洪 威词
金　　西曲
宫富艺配伴奏

金秋的 风光 格 外 美。

1.微 山 湖 的 那 湖 水 呀 绿 呀 似 翠，
2.满 载 的 那 个 船 儿 呀 去 呀 又 回，

金秋的那个风光啊 格 外 美，
筐筐的那个菱角啊 堆 成 堆，

姑 娘们 相 伴 采 菱来呀 啊，
星 星 落 到 湖 面 上呀 啊，

船儿 穿梭在碧波内 碧 波 内。
姑 娘们打桨 把家归 把 家 归。

人已 走远 歌声在， 绕着 湖面 飞啊 飞，

飞 呀 飞。

我唱家乡美景多

周　　冰词
松　　山改词
金　　西曲
宫富艺配伴奏

中速、稍快　抒情、赞美地

山 歌 越 唱 越 开 怀。

哎 哟 （吆喝声） 嘹 嚎 嚎 嚎 嚎 噢。

家乡的河母亲的河

吕桂宝词
金　西曲
毕思粤配伴奏

中速　深情地

1.清　清的河　　水 啊，　　　哗　啦 啦
2.清　清的河　　水 啊，　　　哗　啦 啦

明湖秀丽风光美

刘　　萍词
金　　西曲
徐学吉配伴奏

中速　深情地

明湖 秀丽 风光 美， 风光　　　　 美，

蝴蝶 花间 舞，　　莲蓬 颤巍 巍，
碧波 环古 亭，　　湖光 映石 碑，

鹅鸭 湖边 闹，　　鱼儿 喜相 追。
济南 名士 多，　　墨迹 闪光 辉。

啊　　　啊

泰 山 景

丁 恩 昌词
金 西曲
何新苏配伴奏

1.泰 山　　　高 啊，　　　泰 山　　　美呀，

2.泰 山　　　高 啊，　　　泰 山　　　美呀，

3.泰 山　　　高 啊，　　　泰 山　　　美呀，

红门掩在那花丛里，
望人松招手迎宾客，
拱北石上看日出，

万仙楼下绿树围，斗母宫玲珑半空悬，
朝阳洞里春明媚，秦皇避雨对松亭，
玉皇顶遥望黄河水，仙人桥下景万千，

经石峪巧刻千尺碑。哎 哎呀哎
虹桥那瀑布自天垂。
人添那豪情国增辉。

哎 呀 {巧 刻 千 尺 碑。 {国 呀 国 增 垂。
瀑 布 自 天

辉, 人 添 豪 情 国 增 辉。

牡 丹 美

丁 恩 昌词
金　　西曲
何新苏配伴奏

中速、稍快　赞美地

牡 丹 美 呀　　牡 丹 美

花　　开　千　层　　赛　玉　　　盘，

天　　香　飘　飘　　迎　嘉　　　宾，

年　　年　岁　岁　　增　新　　　蕾，

花　　开　四　海　多　增　　　　辉，

高山上的百灵鸟

陈　倩词
金西、占河曲
宫富艺配伴奏

中速、稍快　欢快、自由地

1.高高山　　　上　　　　　那个百灵　　鸟，　　　(哎

2.高高山　　　上　　　　　那个百灵　　鸟，　　　(哎

他 把 人 间 的 新 春 报。（哎
清 清 的 河 水 绕 山 腰。（哎

哎 呀 哈 哈）新 春 报。（嚎 嚎 嚎）
哎 呀 哈 哈）绕 山 腰。（嚎 嚎 嚎）

（哎 咳 哎 咳 咳 哟 哎 咳 哟）
（哎 咳 哎 咳 咳 哟 哎 咳 哟）

众 手 争 把 新 春 描。
春 在 我 们 心 里

众 手 争 把 新 春 描。（哎 咳

哟）

山东，我亲爱的家乡

张 希 武词
金　　西曲
宫富艺配伴奏

中速、稍慢　亲切、抒情地

mf

1.山　　东　我 亲 爱 的 家　乡，　　山亲水亲好　　地
2.山　　东　我 亲 爱 的 家　乡，　　乡情如酒似　　春

方，　　　　　　出门儿就见　　　泰山面，
光，　　　　　　胶东人好　　　土炕热，

进门儿还听黄　河　响。
沂蒙人亲煎　饼　香。

母亲的乳汁心上流，　家乡的抚养永难忘，
泉城美呀人心美，　　泉水向上人向上，

想起了咱们的好日子

田　　青词
金　　西曲
毕思粤配伴奏

光辉的太阳

新疆 民谣
金 西曲
毕思粤配伴奏

赞颂、欢快地

弹 起我的冬不拉，愉 快地歌唱歌 唱，

我 歌 唱幸 福的 时代,歌唱 母 亲共 产 党,

有 了 你, 我 们的草原 变 了样, 有 了 你,

我 们的山村 闪 金光, 有了你, 牛 马驼羊

长得像鲜花，有了你，草原永不落太

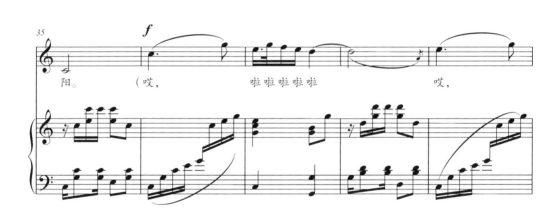

阳。（哎，啦啦啦啦啦 哎，

啦啦啦啦啦）母 亲 啊，我 亲爱的母亲，

光 辉 的 太 阳 伟 大 的 党， 母 亲 啊， 光 辉 的

太 阳 伟 大 的 党，

我到沂蒙来拜年

范 作 军 词
金 　 西曲
宫富艺配伴奏

挂　　 红　 灯　 啊,

忘　　不　了　　　　当年支前的老英雄，
村　　头　上　　　　人一群来花一片，

忘　　不　了　　　　飞针走线的识字班，
新　　屋　里　　　　欢声笑语话当年，

送郎参军那上前线， 肩扛担架那救伤员，
我祝沂蒙 快富裕， 四化建设 换新颜，

小车推出 胜利的路啊， 热血换 来
明朝再到那老区来呀， 蒙山沂 水

（嗯的哪哈 呀）， 艳呀么艳阳 天。

那个 放 喜 鞭 的 哪哈 呀,

我 到 那 沂 蒙 啊,

来 呀么 来 拜 年,

来　　　拜　　　　　　　　　年　哪。

风儿哟风儿

张 志 民词
金　　西曲
何新苏配伴奏

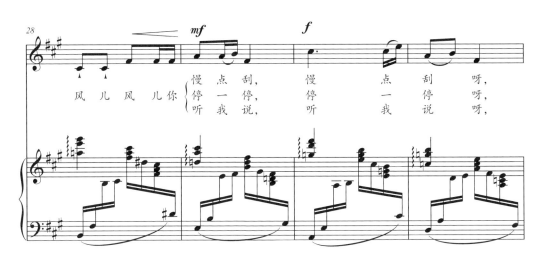

慢 点 刮， 慢 点 刮 呀，
风儿 风儿 你 停 一 停， 停 一 停 呀，
听 我 说， 听 我 说 呀，

眼 前 就 到 阿 妹 家， 阿 妹 家，
阿 妹 有 话 要 叮 咛， 要 叮 咛，
船 儿 直 奔 黄 鱼 窝， 黄 鱼 窝，

吹，　　　　　　　　我 的 船 要 靠

青 石 嘴，　　　　　　　　盼 望

杜 鹃　　花 重 开，

唱起山歌乐悠悠

陈　倩词
金西、占河编曲
安　　龙配伴奏

中速　赞颂地

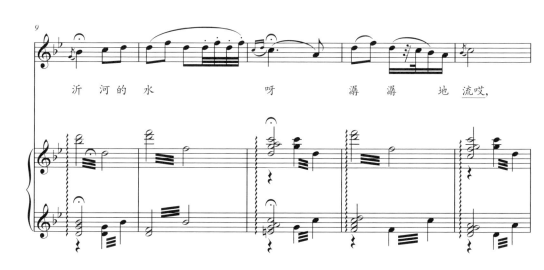

沂 河 的 水　　呀 潺 潺 地 流哎,

高 高 的 蒙 山 绿 油 油哎。

沂 河 的 那 水 呀 那 个 潺 潺 地 流,

唱　起　山　歌

乐　悠　　悠，　　　　乐　呀　么　乐　悠　悠。

1. 一道道岭上 花果香 花果 香，
2. 一群群鱼虾 戏水来 戏水 来，

一条条沟里牛羊走 牛羊 走，
一对对鹅鸭河中游 河中 游，

千顷棉田铺银海， 万亩庄稼披锦绣，
鱼网闪闪笑声甜， 白帆摇摇荡轻舟，

年 轻 的 姑 娘 嗓 子 脆， 丰 收 歌 儿 唱 不 够，
山 乡 的 风 光 惹 人 爱， 更 有 美 景 在 前 头，

(哎 哎嗨 嗨 哎嗨 嗨 哎嗨

哎嗨哎嗨哎嗨哎嗨吆， 哎 哎嗨 嗨 哎嗨

微山湖荡起采莲船

陈　　倩词
金　　西曲
邹四维配伴奏

1.金 色 的 朝 霞
2.清粼粼的 碧 波

绿　来荷花儿鲜，　莲蓬儿
挑　来精心地选，　仔细地

绿　来荷花鲜，　左采莲来
挑　来精心地选，　一颗莲子

右采莲，莲儿堆成山（来哎嗨
一片心，心心紧相连（来哎嗨

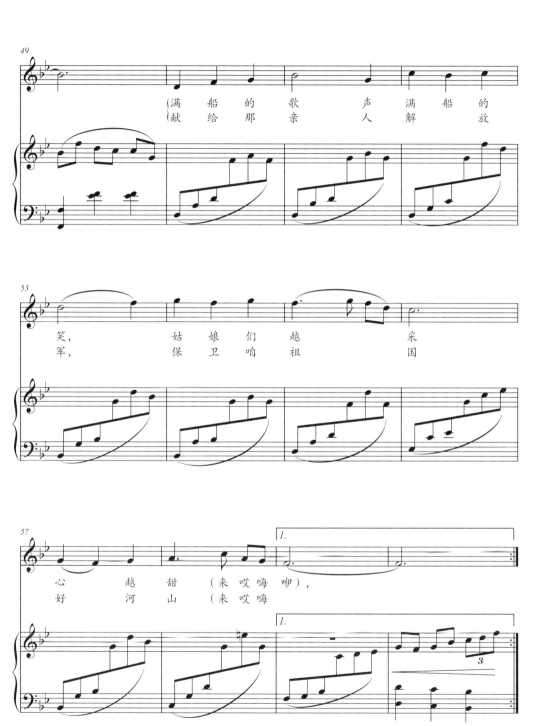

咿），　　　献　给　那　亲　人

解　放　军，　　　　保　卫　咱

祖　国　好　河　山（来　哎　嗨

我们快乐的把歌唱

陈镒康、张秋生词
金　　西曲
何　新　苏配伴奏

中速　欢快地

1.小毛驴　耳朵长，　　　耳朵能
2.小毛驴　真能干，　　　真能

长，　　　　　　　银铃儿　响叮当，响　　　　叮
干，　　　　　　　送给你　一副，小　　　　蹄

唱吧！欢乐的小鸟

天　　高词
金　　西曲
毕思粤配伴奏

崇 高 的 理 想 灿
壮 丽 的 人 生 光

烂 的 未 来，在 我 们 心
辉 的 事 业，亲 爱 的 祖

中 升 起 霞 光 万 道，
国 像 春 天 一 样 美 好，

味味味味）

唱　吧　　　美　丽　的　小　　鸟
唱　吧　　　美　丽　的　小

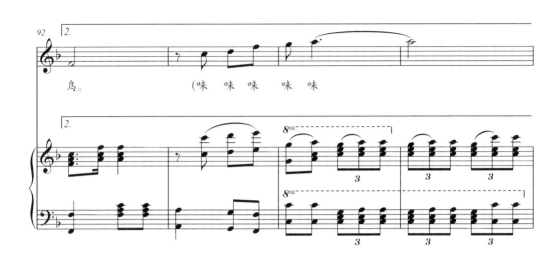

鸟。 (唻 唻 唻 唻 唻

唻)

回到久别的故乡

周　　冰词
金　　西曲
杨佩胜配伴奏

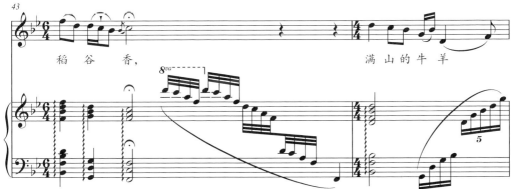

养 蜂 姑 娘

孙洪戍、于卫星词
金　　　西曲
毕　思　粤配伴奏

稍快　欢快地

1.2.五 月里天空 多晴朗 多 晴 朗，

遍地 鲜花 似海洋 似 海 洋，

养蜂姑娘进花海，

满怀豪情放蜂忙啊 啊。 (哝哝哝哝哝哝哝

哝)

听 那蜜蜂 嗡嗡嗡地 唱，
鲜 花是 她 美丽的笑 脸，

就 像纺车 吱吱吱地 响，
姑 娘就 像 蜜蜂一 样，

采山花的姑娘

范 作 军词
金 　 西曲
何新苏配伴奏

1. 采山 花的那姑 娘　　笑　声 扬 啊,
2. 采山 花的那姑 娘　　笑　声 扬 啊,

那 也 比 不 上
那 也 比 不 上

小妹 妹那个采花 送 给 谁 哟,
小妹 妹那个采花 情 意 深 哟,

送 给我的姐 姐啊 绣 嫁 妆 啊,
祝 愿我的姐 姐啊 幸 福 长 啊,

祝　　愿　我　的　姐　姐　啊　幸　福

长。

夸 地 瓜

山 东 民 谣
周 冰改词
金 西曲
毕茜茜配伴奏

稍慢地 有风趣地

1. 说 呀 说 地 瓜 呀，道 呀 道 地 瓜，
2. 咱 的 肥 土 地 呀，种 上 大 地 瓜，
3. 说 呀 说 地 瓜 呀，道 呀 道 地 瓜，

地 瓜 们 真 是 个 好 呀 好 庄 稼。
我 地 瓜 真 大 是 个 好 都 来 呀 好 爱 护 庄 它。稼。
地 瓜 真 是 个 好 呀 好 庄 稼。

挑 花 边

周 祥 钧词
金 西编曲
杨佩胜配伴奏

1.钩 花 的 针 啊
2.泰 山 的 松 啊
3.针 引 的 线 哪

雪 白 的 线啊, 年 轻的那 姑 娘
西 湖 的 船哪, 织 出那个万 里
线 不 的 断哪, 牵 出那个心 中

（哎　　　　　　　　哎　咳哎咳哎　咳呀

哎　咳哎咳哎　咳呀）

挑　呀挑呀挑　呀挑呀挑　呀么挑　花　边哪

挑　花　　　边哪　　　　　　　挑

花　　边。

春 夜

陈　倩词
金　　西曲
杨佩胜配伴奏

稍慢　宁静、亲切地

1. 明月 皎 皎
2. 垂柳 飘 飘

明月 皎 皎，　　春 夜静 悄 悄。
垂柳 飘 飘，　　晨 光无 限 好。

你　　　呀　你　呀　　你
他　　　呀　他　呀　　他

呀，　　　刻苦攻关多　勤劳。
呀，　　　回首又将蓝　图

有一条这样的河

孙洪威词
金　西曲
何新苏配伴奏

中速　深情地

mf
1.当　你　踏上了征　途，　　当　你
2.美　丽的　姑　娘，　年青的

走向　了生　活，　　　你　可知　道
小　　　伙，　　　你　莫要　让

祖 国

无 愧于珍 贵的时 光 无 愧于亲 爱 的

祖 国。

节日圆舞曲

沙　　夫词
金　　西曲
杨佩胜配伴奏

小快板　欢快地

1.花 丛 中 月 光 下 轻 快 的 起 舞,
2.让 我 们 举 起 杯 快 乐 的 畅 饮,
3.我 们 的 祖 国 富 饶 美 丽,

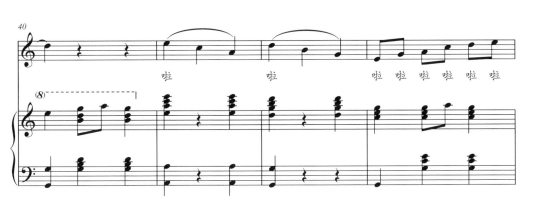

啦　　　啦　　　啦　啦　啦　啦　啦　啦

啦　啦　　啦　啦）

啦　　　　　　　　啦　啦）

扬起鞭子唱起歌

丛笙词
金西曲
杨佩胜配伴奏

肥膘膘的骠红马跑得欢，
宽敞敞的大路长无边，

扬起鞭子叭儿叭儿响，
扬起鞭子唱呀唱起歌，

不由得我老汉乐颠颠，
不由得我心里赛蜜甜，

咱村里呀修起了 拦 水 坝 呀，山 沟 沟 的
盐 碱地呀变成了 丰 产 田 啊，幸 福 的

面 貌 大 改 变， 咳！大 呀大 改 变。
日 子 在 眼 前， 咳！在 呀在 眼 前。

沂蒙山里果树多

丁 恩 昌词
刘凤锦、金 西曲
毕 思 粤配伴奏

怀念敬爱的周总理

王音旋词
金 西曲
杨佩胜配伴奏

1.敬 爱 的 周 总 理 我 们
2.敬 爱 的 周 总 理 我 们
3.敬 爱 的 周 总 理 我 们

石油工人意志坚

刘　　青词
金　　西曲
杨佩胜配伴奏

稍快　热情地

1.石 油 工 人 意 志 坚 嗹，开 发 那 大 油 田 嗹，

2.石 油 工 人 意 志 坚 嗹，开 发 那 大 油 田 嗹，

心 中 有 盏 指 路 灯 啊，战 天 斗 地 是 好 汉，

风 里 浪 里 建 平 台 啊，青 天 蓝 海 是 家 园，

石油滚滚唱新歌啊，油气喷涌好壮观。
我为祖国献石油啊，石油工人心里甜。

（哎　　嗨哟　　哎　　嗨哎嗨嗨哟）
（哎　　嗨哟　　哎　　嗨哎嗨嗨哟）

建起石油城，　　扎根戈壁滩。
党的好儿女，　　谱写新诗

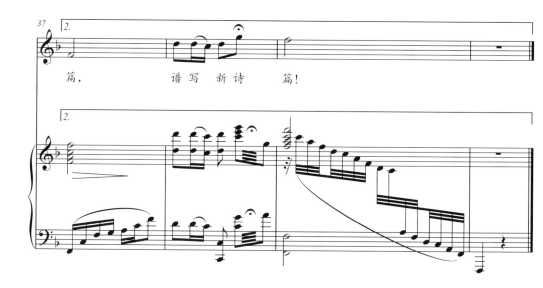

篇，　　　谱写 新诗 篇！

其他作者创作歌曲

盼 解 放

电影《苦菜花》插曲

集　　体词
肖　　珩曲
何苏杰配伴奏

苦 菜 花 开 遍 地 黄，

乌 云 当 头 遮 太 阳，

鬼 子 汉 奸 似 虎 狼，

受 苦 人 何 时 得 解 放，

何 时 得 解 放。

支 前 小 唱

电影《苦菜花》插曲

集　　体词
肖　　珩曲
何苏杰配伴奏

（女声齐唱）

苦菜呀　花开呀　遍呀么遍山岗，

烈士的颂歌

电影《苦菜花》插曲

集 体 词
肖 珩 曲
何苏杰配伴奏

永远跟着共产党

电影《苦菜花》插曲

集　　体词
肖　　珩曲
杨天硕配伴奏

受 苦人拿 枪 闹 革 命，

永 远 跟 着 共 产 党。

（男、女合）

苦菜 呀 花开 呀 香 呀么 香又 香，

朵 朵 鲜 花 迎 太 阳，

受 苦 人 拿 起 枪 闹 呀 么 闹 革 命，

永 远 跟 着 共 产 党，

注：

① 《苦菜花开闪金光》（电影《苦菜花》插曲）

　　本曲是《盼解放》与《永远跟着共产党》的串联，曲谱已在前列出，后略。

② 《苦菜花》（电影《苦菜花》全套插曲）

　　本曲是《盼解放》《支前小唱》《烈士的颂歌》《永远跟着共产党》的依次串联，曲谱已在前列出，后略。

琴声悠悠唱济南

电影《大浪淘沙》插曲

车　明词曲
杨天硕配伴奏

1.琴声　　　悠悠　　唱呀唱济南呀，
2.富贵　　　人家　　游山又玩水呀，

济　南府的风光　　唱呀唱不完呀，
穷　人那个街头　　受呀受饥寒呀，

大 明湖 呀 千 佛 山，
唱 遍 人 间 苦 和 愁，

七 十 二 泉 呀 天 下 传。
手 挽 琴 儿 呀 走 四 方。

谁不说俺家乡好

电影《红日》插曲

吕其明、杨庶正、肖培珩词曲
宫　　富　　艺配伴奏

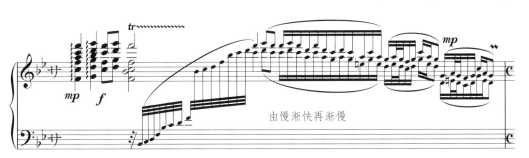

由慢渐快再渐慢

1.一座座青　山　　　紧相　连　　　一朵朵白云绕　山
2.弯弯的河　水　　　流不　尽　　　高高的松柏万　年

嗬儿哟 咿儿哟 一阵阵歌

嗬儿哟 咿儿哟 鱼水难

声随风传。 人。

分一家

绿油的果 树 满 山 岗， 望不尽的麦浪闪 金

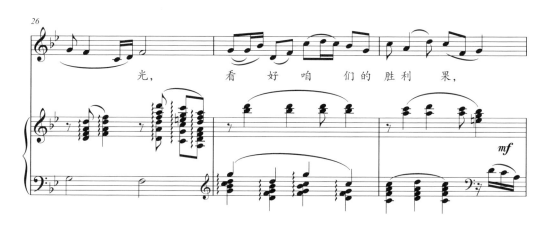

光， 看 好 咱 们 的 胜 利 果，

幸福的生 活 千 年 万 年 长。 哎

天上北斗亮晶晶

电影《大刀记》插曲

邱　　勋词
肖　　珩曲
何苏杰配伴奏

啊！柳泉，蒲松龄的故乡

雁　翔词
徐学吉曲

迷 人 的 孝 妇 河 旁 啊
富 饶 的 洪 山 脚 下 啊

有 个 神 奇 的 地 方 啊
有 个 神 奇 的 地 方 啊

有 一 个 神 奇 的 地 方 啊
有 一 个 神 奇 的 地 方 啊

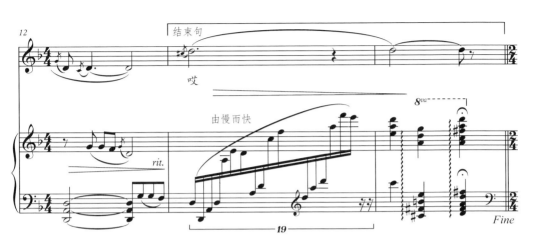

那 样 的 善 良, (哎) 荒 郊 野 坟 变 一
燃 一 天 霞 光, (哎) 农 家 草 芳 飞 腾

片 辉 煌 的 楼 阁,
出 金 色 的 凤 凰,

青 林 黑 塞 歌 一 曲,
粗 茶 淡 饭 养 育 了,

寄托着 人 世 间 的
世 界 短 篇 小 说

热 望。
之 王。

2.3.在 那

D.S.

蓬 莱 景

于 景词
臧 东 升曲
侯波配伴奏

中速 清秀地、民歌风

1.蓬　　莱
2.海　　连

景，　　　景色秀，　景色　　秀，
天，　　　天连海，　天连　　海，

浪　花

曾宪瑞词
孙继南曲
何苏杰配伴奏

1.大海的浪　花，　多么美　丽，　大海的浪
2.大海的浪　花，　充满朝　气，　大海的浪

民　歌

沂蒙山小调

（蒙阴）

山 东 民 歌
宫富艺配伴奏

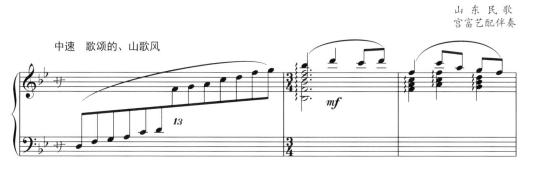

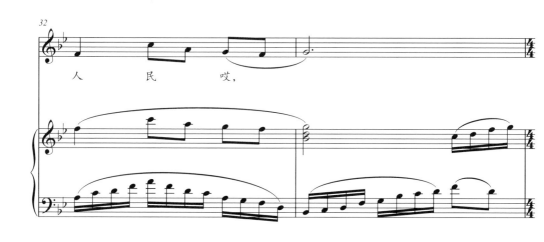

人　民　哎，

喜　洋洋。

妈妈娘你好糊涂

（海城）

辽 宁 民 歌
杨天硕配伴奏

1.人	家	女	儿	走	路	快	又	稳，
2.人	家	女	儿	能	写	又	会	算
3.人	家	夫	妇	多	岗	和		美
4.人	家	送	儿	站	家	又	放	哨
5.人	志	有	病	上		前		线
6.同	家	给	队	咱		来	休	养
7.人	言	军	语	做		鞋		袜，
8.千		万		你		不		听，

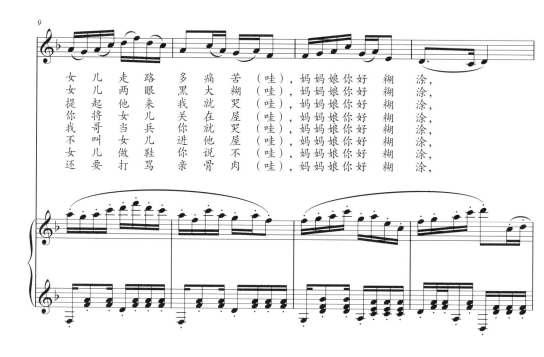

撒 大 泼

（临清）

山 东 民 歌
杨天硕配伴奏

旧 社 会 　　　时（哟）代，

封 建（那 个）制 度 多 （耶），

压 迫 的 妇 女 实 在 是 不 能 活， 妈 妈 娘 你 不 知

细听我来说（耶）。 （咳咳咳咳咳哟嗬

咳咳咳咳咳咳哟） 有 一个大姑娘 要个婆 婆,

跟她的妈妈 撒下了大 泼, 不是寻死 就是觅

活， 不是跳井就是奔 河，

不是 上吊就拿刀抹 脖， 动不动的 就把(那个)卤水

喝 (耶)。

[1]

[1] 该曲选自《山东民间歌曲集成·山东卷》，因篇幅长大，且各段旋律近似，在此仅节选首段供读者参考。

赶 牛 山

（淄博）

山 东 民 歌
毕茜茜配伴奏

中速 欢快、流畅地

1.年　　年（是）都　　有（这）三　　月　　三（巴拉哟），
2.淄　　河（是）滩　　里（是）长　　流　　水（巴拉哟），
3.泉　　水（是）清　　清（是）明　　似　　镜（巴拉哟），

（哎 哟 流哎 味哎哟）美景那个看哎不

完（味呀么啦 嗨）。

流　流　流流流流流流流流　流　　流　流流流流流流流

（哎　哟　流唉　咪哎哟）美 景 那 个 看 哎 不

完（咪 呀 么 啦 嗨）。

王大娘喂鸡

（夏津）

山东民歌
宋云庆填词
安龙配伴奏

中速　风趣、乐观

1.王　呀么 王 大　娘　　　啊　　　笑　呀么 么 笑　嘻　嘻，
2.王　王 呀么 王 大　娘　啊　啊　笑　呀么 么 笑　哈　哈，
3.王　呀么 王 大　娘　　啊　　越　老　越　能　干，

清　　晨　　起　来　撒　开 了 一 群　鸡，
公　鸡　不　打　花　鸣　来
眼　不　花　来　腰　呀么 腰 不　酸，

（咳） 找 到 了 原 来 在 这 里。
（咳） 查 清 了 六 八 四 十
（咳） 王 大 娘 日 子 过 的

八。
甜。

五 更 小 唱

(枣庄)

山 东 民 歌
宫富艺配伴奏

1.一 呀 么 一 更 里 呀 月 亮 出 东 山，
2.二 呀 么 二 更 里 呀 月 亮 照 正 南，

梁 大 嫂 思 想 起 来 心 里 好 喜 欢。
地 儿 肥 苗 儿 壮 粮 棉 堆 成 山。

生　活　多　美　满（啦　咳　呀　咳
日　子　比　蜜　甜（啦　咳　呀　咳

咳）。
咳）。

3.三　呀么三　更　里呀　　月　亮　上　东　山，
4.四　呀么四　更　里呀　　月　亮　落　西　山，

桃 树 梨 树 苹 果 树 果 儿 随 风 摇,
鸡 成 群 鱼 满 池 牛 羊 猪 满 圈,

一 年比 一 年 好 (啦 咿 呀 咳)。
鹅 鸭 唱 丰

年 (啦 咿 呀 咳)。

幸　福　万　万　年（啦咿呀　咳）。

大辫子甩三甩

（泗水）

山东民歌
宫富艺配伴奏

大辫子甩么三甩，　　甩到了翠花　崖。

娘来个娘来　队伍它往哪儿开呀(呼　咳)。

小妮子儿你别哭,　　哭也是挡不住,

八路军行军不兴个带媳妇(呀呼咳)。

同志们把号喊,　　喊了个向右转,

走了个走 了 别忘了小 妹 俺(呀呼咳)。

小 妮 子儿你 放 心, 他 不是那 样的

人, 忘 不了爹 娘 忘不了闺 女 你(呀呼咳)。

绣 荷 包

（高密）

山 东 民 歌
宫富艺配伴奏

一更里的那荷包 照样咿么裁呀，

情郎哥哥捎信 要个荷包袋呀，

欢天也　喜地　我忙　将它做　呀，

郎要　戴荷　包（哪　咳　呀

唵）　　　等 小妹绣 出 来呀。

三更里的那荷 包 绣的桂花香呀，

绣上一对鸳 鸯 又绣凤 凰呀，

41

天 下 的 鸟 儿 它 成 双 对 呀,

45

我 和 那 郎 哥 (哪 咳 呀

49

唵) 配 呀 配 成 双 呀。

五更里的那荷包 绣完送给他呀,

嘱咐声 郎哥 好 好的拿呀,

拴 上 个 活 扣 (哪 咳 呀

俺) 你 小 心 地 戴 着 它 呀。

绣 荷 包

（龙口）

山 东 民 歌
杨天硕配伴奏

初 一 到 十 五 （哇），

十 五 月 儿 高，

春 风 摆 动

对 花

（聊城）

山 东 民 歌
毕茜茜配伴奏

稍快 活泼、诙谐地

（领）

1.正月 （那 嘚儿）里 来 什 么 那 花 儿 开 呀？
2.三 月 （那 嘚儿）里 来 什 么 那 花 儿 开 呀？

（合）

正月 （那 嘚儿）里 来 迎春花儿开（呀 哈 哎 呀 哈 啊）。
三月 （那 嘚儿）里 来 桃杏花儿开（呀 哈 哎 呀 哈 啊）。

迎　　春开花　　小妹妹没见它　呀，
桃　　杏开花　　小妹妹没见它　呀，

但不知道迎春开花多么来嘚儿大（呀　哈　啊）？
但不知道桃杏开花多么来嘚儿大（呀　哈　啊）？

（合）
迎　　春开花　这么来嘚儿大（呀　哈　啊），
桃　　杏开花　这么来嘚儿大（呀　哈　啊），

包 楞 调

（成武）

山 东 民 歌
杨天硕配伴奏

中速 轻快、抒情地（♩ = 70）

1. 月 亮 地 那 个 出 来 了，　　　白 楞 楞 楞 楞 楞　　　楞 楞 楞 楞 楞 楞
2. 棉 花 桃 那 个 开 花（味），　　　白 楞 楞 楞 楞 楞　　　楞 楞 楞 楞 楞 楞
3. 一 对 对 那 个 飞 鸽（味），　　　白 楞 楞 楞 楞 楞　　　楞 楞 楞 楞 楞 楞

对 花

（鄄城）

山 东 民 歌
杨天硕配伴奏

正月（那）里 来

什么（那）花儿 开， 正月（那）里 来 迎春（那）花儿 开，

迎春（那）花儿 开， 想起妹的 哥哥来， 妹子（哎），哥哥 （哎），

裁 单 裤

（商河）

山 东 民 歌
杨天硕配伴奏

1.（男）老　汉那个这　里　气（哟）呆
2.（女）老　婆那个听　说　裁（哟）单

呆（呀　咳），清晨我　起呦来　上了大　街　呀，　集上我
裤（呀　咳），笑模乎（的）模样　拿呀过　来　呀，　左照量

截了个 两丈多 布哇, （女）截布你做什么 呀?
右 照 我是不 敢 铰 哇, （男）恐怕你不会 做 吧!

（男）细 听那我铺排呀, （女）铺排你快着说 吧! （男）恐怕你做不上
（女）这 可当闹着玩啦, （男）你怎么尽比 量呢? （女）光怕你材料

来呀我说老 婆子, （女）哎（男）铺排的那铺排（哟 嗬）把那
歹呀我说老 头子, （男）哎（女）不用那个剪子（哟 嗬）我就

34
裤（外）子 裁（呀咿呀咳）。
撕 打 开（呀咿呀咳）。

40
3.（男）见 此那个光 景 真哟高
4.（女）老 婆那个听 说 去哟卖（的 那）

45
兴（呀 咳）， 老婆子真算是 手巧心又 灵 呀，
乖（呀 咳）， 我打上一通夜 做了起 来 呀，

65

显你那手段(哟嗬)我也卖卖 乖(呀咿呀咳)。
穿那个是宽(哟嗬)那个还是 窄(呀咿呀咳)。

71

f

5.(男)听 说那个
6.(女)在 俺那个

mf

76

叫我穿(哟)单 裤(呀咳), 笑模乎(的)模 样
娘家剃来的个样(呀咳), 又好那 做外来

7.（男）待　　说是个口 袋　　能盛七八 斗（呀　咳），

8.（女）老 婆子那个这 里　笑外颜 开（呀　咳），

待 说是条单 裤　　脑袋也装起 来　　呀，

老 头子别生气　细听明 白　呀，

这 你待叫 我 可是怎 么 穿　呀，

这 本是俺自 己 出的新 式 样　呀，

怎 么 摊 着（了 嗬） 你 这 拙 （哟）奶 奶 （呀 咿 呀

咳）！

（女）哎（男）我！（女）别打，（男）我（女）别骂……

二 妹 子

(微山)

山 东 民 歌
杨天硕配伴奏

1.正月里来 本是(个)正月正, 我观见个

二妹子 长的(个)又 年轻, 模样实在 俊(哎),

我的妹子 为什么不过 门(乖乖),爱煞了多少 人。

标。

2.二 月 里 来

本 是（个）龙 抬 头， 我 观 见 俺 二 妹 子

纺 棉 花

(苍山)

山 东 民 歌
杨天硕配伴奏

稍快 欢快地

1.小 小纺车 八根椳, 转遭都是 稻草绳,
2.春季纺棉 天气暖, 家家户户 来纺棉,

要 问棉花 怎么纺, 左手拉线 右手拧,(啦吧
快快织来 快快纺, 织出布来 好做衣穿,(啦吧

云 那么云 那么吱楞 哎 楞)。
云 那么云 那么吱楞 哎 楞)。

傅二姐赶庙

(平度)

山东民歌
杨天硕配伴奏

正月(那个)十　五　闹(哎)元　宵，　家家(那个)户　户(呦是)全去赶　庙，　傅家庄　倒有一个傅(啊)二

姐，　　　人才强　长得好，樱桃(那个)小 口杨柳腰，

傅二姐从　小她就爱去赶(哎)庙。

哭 长 城

(淄博)

山 东 民 歌
杨天硕配伴奏

中速

拾 掇 完 了 立 的(那) 冬,

百 般 花 草 息(呀) 了 生,

家 家 都 把 寒 衣 送 (啊),

哭 下 泪 来 湿 了 衣 裳。
尝 好 尝 歹 记 在 了 心

上。

62
冷风渐渐起， 阵阵扑满怀。
堆堆黄沙土， 阵阵起狂风。

66
一 道 长 城 十 万 里 (啊)，
不 知 丈 夫 存 身 处 (啊)，

70
一 步 一 步 哭 了 上
连 叫 十 声 无 人 答

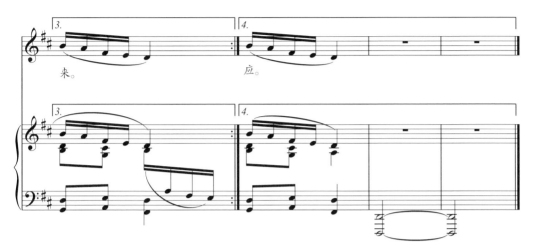

来。

应。

手把着槐树看郎来

（枣庄）

山 东 民 歌
杨天硕配伴奏

1.娘　家门前有　棵　槐　　（哟），
2.走　起路来想　起　郎　　（哟），

手把槐树看　郎　来，
眼泪掉在路　两　旁，

娘 问 闺 女 看 什 么 的　　（哟
娘 问 闺 女 哭 什 么　　（哟

哎 嗨 哎 嗨 哟），　　我 的 娘 来，
哎 嗨 哎 嗨 哟），　　我 的 娘 来，

看 看 槐 花 几 时 开　　（哟）。
那么 毒 的 太 阳 热 难 当。

3.端 起 碗 来 想 起 了 郎，
4.点 起 灯 来 想 起 了 郎，

眼 泪 掉 在 碗 沿 上，
眼 泪 掉 在 灯 头 上，

5.穿 起褂子想 起 了 郎,

眼泪 掉在衣 襟 上,

娘 问闺女哭 什么的 （哟

哎 嗨哎嗨哟），　　　我的 娘 来，

前 襟 缝 在 后 襟 上。

6.穿 起 裤 子 想 起 了 郎，

眼 泪 掉 在 腰 带 上，

娘 问 闺 女 哭 什 么 的 （哟

哎 嗨 哎 嗨 哟 ），　　　我 的 娘 来，

两 条 裤 腿 不 一 般 长。

梳妆

（武城）

山 东 民 歌
杨天硕配伴奏

生 发 油 儿 抹 上 边（哇 哎），
对 着 镜 子 笑 一 笑（哇 哎），

再 插 上 花 一 双 （啊）。
两 个 酒 窝 更 喜 人 儿 （啊）。

3.粉　红　花　袄　　　身　上　披，
4.从　头　到　脚　　　仔　细　照，

下　身　再　扎　红　罗　　　裙，
就　像　仙　女　下　了　　　凡，

烫　金　边，　　　更　是　美，
我　走　三　步　来　　转　三　转，

一　双　金　莲　多　周　正（哇　哎），　鞋　上　绣　的
保　管　情　哥　也　爱　看（哇　哎），　臊　得　小　奴

双　　　蝶　　飞　　　　　　（啊）。
红　　　了　　脸　　　　　　（啊）。

思　夫

（泗水）

山 东 民 歌
杨天硕配伴奏

怎　么　着不　回　　头，　　　　　思　　想　起　来
怎　么　着不　回　头，　　　　　思　　想　起　来
家　里　的女　婵　娟，　　　　　我　　的　丈　夫

丈　夫（啊）出　门　怎　么　着不　回　　头。
丈　夫（啊）出　门　怎　么　着不　回　头。
莫　非　是忘　了　家　里　的女　婵　娟。

梧桐叶落金风送

（日照）

山 东 民 歌
杨天硕配伴奏

慢　忏悔地

梧　桐　　　　　叶　落　　　金

风（哦　　啊）送（哦　　啊）

半夜　　　三　更　　才把个瑶（啊）

琴（啊　　啊）弄（啊　　啊）

操哎　琴　　的个人　（哪　哎）

才 郎　　出 后　奴(的 个)

房　　中 儿　空,

思哎　念 那　哎

除 非 是 奴 的 个 冤 家 速

还 (唵) 家, 慢

(哎 哎)

早 回 程。 慢而自由

pp

绣 灯 笼

（宁津）

山 东 民 歌
杨天硕配伴奏

1.一更 里（的那个）灯（哎） 笼
2.三更 里（的那个）灯（哎） 笼

绣 在了正（哎） 东 （的那个）上 绣着（的那个）
绣 在了正（哎） 南 （的那个）上 绣 着（的那个）

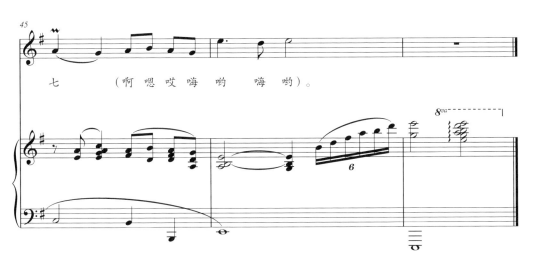

七 　　（啊 嗯 哎 嗨 哟 　 嗨 哟）。

绣 饭 单

(武城)

山 东 民 歌
杨天硕配伴奏

样，　　　绣上座　黄草山，　又绣　野鸡
起，　　　塔顶上　金星满，　活像　风磨

草　窝里钻(哪 咿 哟 外 哟 咿 哟 外 嗨 咿 哟)。
铜 一 般(哪 咿 哟 外 哟 咿 哟 外 嗨 咿 哟)。

红漆柱　亮又光，　有一个老道来烧香（哪
雕龙碑　立当央，　一对狮子把嘴张（哪

咿哟外哟咿哟外嗨咿哟）。
咿哟外哟咿哟外嗨咿哟）。

绣 荷 包

(苍山)

山 东 民 歌
安龙配伴奏

姐 儿 房 中 啊　　绣 呀 就 荷 (嘚儿)

包 (啦 咿)　　手 拿 着 那 钢 针

轻 上 描 儿 描， 显 显 你 手 段 儿 高

呢 （哎 哎 哟） 显 显 你

手 段 儿 高 呢。

上绣星辰啊　就共啊日　（嘚儿）月（啦

咿），　　下绣上那个凉船　水把上儿　漂，

黄莺呢站树梢　呢　　（哎哎

扬 州 的 那 穗 子 绿 丝 儿 绦,

再 用 那 红 纸 包 呢, (哎 哎

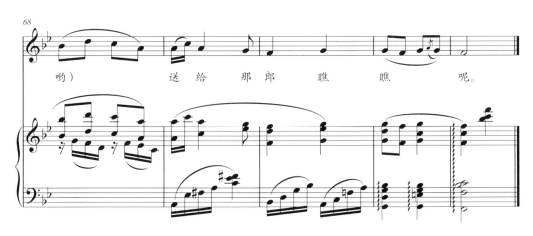

哟) 送 给 那 郎 瞧 瞧 呢。

玉 美 情 人

（武城）

山 东 民 歌
杨天硕配伴奏

房（哎 哟），有 句 话 对 你 商 量，
来（哎 哟），活 活 的 想 煞 个 人，

（哎嗨哎 嗨 哎嗨 哟），有 句 话 对 你 商 量。
（哎嗨哎 嗨 哎嗨 哟），活 活 的 想 煞 个 人。

3.今　　日　见　　了　　哥
4.银　　子　拿　　出　　三

哥　　面，　　　　　　　十　分　大　病　你
百　　两，　　　　　　　我　看　不　好　你

好了三　分（哎哟），还　有　整　　七　分，
再娶门　亲（哎哟），千　万　别　找　小　后　婚，

（哎 嗨 哎 嗨 哎 嗨 哟）， 还 有 整
（哎 嗨 哎 嗨 哎 嗨 哟）， 千 万 别 找 小

七 分。
后 婚。

5.娶 妻
6.娶 妻

有　　劲，　　　　　　　　　　　　（哎 嗨 哎 嗨 哎 嗨 哟），
个　　人，　　　　　　　　　　　　（哎 嗨 哎 嗨 哎 嗨 哟），

越　过　越　　　有　　劲。
活 活 的　想　煞　个　人。

月 下 纺 棉

(安丘)

山 东 民 歌
杨天硕配伴奏

1.三　更　月　儿　明，
2.有　月　借　月　光，
3.棉　线　细　又　长，

响　起　了　纺　车　声，
无　月　点　灯　香，
棉　布　做　衣　裳，

原　来　是　王　大　姐，月　下　开　夜
插　在　那　王　车　轴　旁，黑　到　大　天
解　放　军　穿　在　身　上，消　灭　那　贼　老

织 兜 兜

(苍山)

山 东 民 歌
杨天硕配伴奏

1.姐儿房中(啊) 织 绵 绸(啊 哎), 忽听见(那个)小 郎 他要兜 兜 (哇),多织上了 八 寸 绸 (噢,

哎 嗨哎 嗨哟） 我 多 织上了八 寸 绸 （噢）。

2.织 兜兜来（呀 这）绣（噢）

兜 兜（啊 哎）， 兜兜上这一 绣够十 八 州， 你

苏皋(哎)二 州带瓜 州, 捎带着了济宁

州 (噢, 哎嗨哎嗨哟) 捎带了 济宁 州

(噢)。

大 踏 青

（苍山）

山东民歌
何苏杰配伴奏

欢快地（♩=77）

三 月 （呀）

里 来（哟 嗬嗬） 是（呀 哈哈哈）清 明（啊 哎 嗨

咿）， 姐 妹 二 人 又 去 踏 青（哦 吼）。

捎 带 着　　放　　风　筝(嗯哎嗨哎)，(嗯 嘚儿呷嗨

哟吼吼 吼)，捎带着　放　　　　风　筝(嗯哎嗨　哎)。风　筝本是

线绑的，绑线 的，粘面的,(那个)面粘的，五色(那个)

花 线 都是好（滴哟嗬），五彩滴呀 好 哟 好颜

色（呀 嗬嘿）。(嗯 嘚儿 咿嗨 哟 吼吼 吼)，五彩滴呀 好 哟 好颜

色（呀 嗬嘿）。

姐妹　　（呀）　二　人　（哟　吼　吼）

往　　前　　行　（啊　哎　嗨　咿），

前面　来到个花　园　中，眼　望　着啊花　园　的　景，

58 渐快

桃花开，　杏花红，　采花的蜜蜂　乱愣愣，

62　　　　　　　　　突慢

前翅爬，　后腿蹬，　杨　柳(那个)叶　子

66 回原速

发　了青(哦吼)。观罢了(啊)(花呀)花园的

看 姑 娘

（临清）

山 东 民 歌
何苏杰配伴奏

东 庄　　有　一 个 大 姑

娘，　　模 样 长 的 实 在 强，

1.卖 糖 的 看 的 迷 了 眼,
2.剃 头 的 看 的 迷 了 眼,
3.走 路 的 看 的 迷 了 眼,

(咾 嚎 嚎) 拿 着 那 白 碱 它 当 了 冰 糖,
(咾 嚎 嚎) 刀 子 就 剃 在 了 耳 朵 上,
(咾 嚎 嚎) 一 头 就 碰 在 了 槐 树 上,

他 还 是 那 看 姑 娘。
他 还 是 那 看 姑 娘。
他 还 是 那 看 姑 娘。

看　郎

（聊城）

山东 民歌
阮浩配伴奏

1.姐　　　儿上　南螃院蟹　去和地　插大下了　花虾滑虾　了了，

2.买　　　上　螃蟹　雨　大下了　滑　了了，

3.天　　　上　下螃蟹　雨　大下了　虾　了，

4.摔　了　螃蟹　蹦　了　虾　了，

棉 乡 小 唱

（博兴）

山 东 民 歌
何苏杰配伴奏

1.春 季 儿 哎
2.夏 季 儿 哎
3.秋 季 儿 哎
4.冬 季 儿 哎

里	来	（哼 哎 哟）	暖	融	融（味 哼 哎 哟），
里	来	（哼 哎 哟）	绿	葱	葱（味 哼 哎 哟），
里	来	（哼 哎 哟）	好	风	光（味 哼 哎 哟），
里	来	（哼 哎 哟）	蜡	梅	红（味 哼 哎 哟），

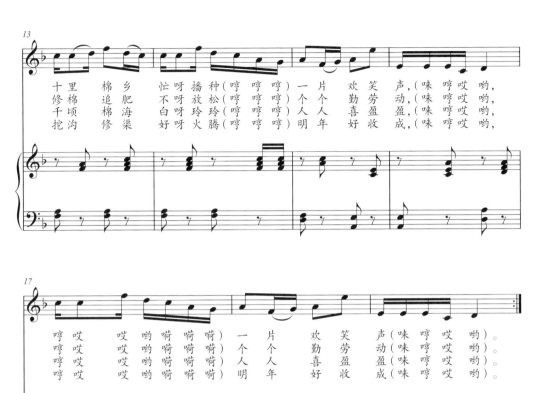

四 季 歌

(历城)

山 东 民 歌
何苏杰配伴奏

1.春 呀 么 春 季 里，
2.夏 呀 么 夏 季 里，
3.秋 呀 么 秋 季 里，
4.冬 呀 么 冬 季 里，

(哎 嗨 哟)　　　　　　百 呀 么 百 花 香 岗，
(哎 嗨 哟)　　　　　　百 绿 呀 么 百 绿 山 风 凉，
(哎 嗨 哟)　　　　　　秋 呀 呀 么 秋 风 花 扬，
(哎 嗨 哟)　　　　　　雪 呀 呀 么 雪 花

绣 花 针

(济宁)

山 东 民 歌
何苏杰配伴奏

1.清　　晨哎早　　　起，　　失　　落　绣　　花
2.情　郎哎哥　　哥，　　拾　　去　俺　　的
3.俺　与哎哥　　哥，　　相　　爱　情　　意

针，　　哎（儿）啦，　哎　　　针　啦，　哎
针，　　哎（儿）啦，　哎　　　针　啦，　哎
深，　　哎（儿）啦，　哎　　　针　啦，　哎

绣 针 纹

（昌邑）

山 东 民 歌
何苏杰配伴奏

1.姐　　儿　　来　　　哎哎　　哎哎

2.插　下　来来　哎来　　哎哎

3.天　天　想　　　　　　哎

房　　中　　来来　　绣盘　　针绒

钢　中针　也来来　　盼　　呐

日　　也　　来来

打 秋 千

（青州）

山 东 民 歌
何苏杰配伴奏

1. 清 明 又 三 月 三,
2. 脚 儿 蹬 花 板,
3. 太 阳 落 下 了 山,

清 明 又 三 月 三,
脚 儿 蹬 花 板,
太 阳 落 下 了 山,

十三 打 八起 完 的 姑 娘起 千 她 又 去 打 秋

十三 打 八起 完 两 秋 娘 起 千 面 回 呀 么 回 家

千， （哎 哟）我 说 是 呀 正 行 走

天， （哎 哟）我 说 是 呀 打 秋 千

转， （哎 哟）我 说 是 呀 要 打 秋 千

来 到 了 秋 千 边 哪 （咿 呀 哎 咳 哟 咳 哟）。

累 的 小 妹 一 身 汗 哪 （咿 呀 哎 咳 哟 咳 哟）。

还 得 明 年 三 月 三 哪 （咿 呀 哎 咳 哟 咳 哟）。

歌曲简介

一、金西创作歌曲

1.《我的家乡沂蒙山》

该曲取材于山东民歌,由朝中、左云、黄凌作词,金西作曲。最初发表于《上海歌声》,1992 年曾被选为全国青年歌手大奖赛的必唱曲目。歌曲为对比二段体结构,徵调式。旋律以级进与跳进相结合,并融合山东地方性民歌特色的小六度、小七度滑音与大量装饰音,是金西最具代表性的创作歌曲,充分表现出沂蒙儿女对家乡的深深眷恋和热爱之情,也表达了对家乡美景的赞美和对家乡人民坚韧不拔精神的敬意。

演唱该曲时应注意:(1)中速或中速稍快均可;(2)旋律中的装饰音和装饰记号的运用;(3)附点音符要唱得重一点;(4)咬字时有个别字应该加重处理,特别是"山、端、年、闪、泉、景"等字的字头、字尾,字头要紧、快,字尾要到位。这样做的目的,是让这首歌曲更具山东民歌的韵味。

2.《清蓝蓝的河》

该曲又名《谁能比得上咱》,素材来源于山东青州民歌《卖扁食》,由金西于 1963 年改编,这也是其早期较为成功的改编作品之一。歌曲为方整性四句式乐段结构,七声清乐徵调式,但偏音"清角"仅在末尾的"哎嘚儿咿嗨哟"中出现,与原始民歌一致。在旋法上歌曲还借助众多上滑音、下滑音、倚音等装饰音模仿方言语调,加之歌词中儿化音的使用,似一位朴实的农家女,将家乡那"清蓝蓝的河、绿茵茵的草地、鹅鸭牛羊、杨柳花果与梯田麦穗"的美景向众人娓娓道来。

演唱该曲时应注意:(1)旋律中的装饰音尽可能唱得清晰;(2)咬字时字头要紧、快,尾音要归韵到位;(3)唱词中的"草""鹅鸭""啊""这是俺"及"夸俺"等,都应做上滑音和下滑音的处理,这样才能准确诠释这首歌的民族风格。

3.《请到沂蒙看金秋》

该曲由孙洪威作词,金西作曲,歌曲为再现单二部结构,徵调式。第一段以叙事的口吻描绘了沂蒙山区的丰收景象;第二段引入衬词,表现了内心的喜悦之情。歌曲中不乏七度以上的旋律跳进,富有地域特色。

演唱该曲时应注意：（1）旋律中可适当添加几个下滑音，如第 7 小节处的"沂"，第 11 小节处的"铺"，第 14 小节处的"羊"，第 16 小节处的"压"，第 19 小节处的"稻"，第 32 小节处的"多"，还有第 36 小节处的"够"等，但不要唱得太重，适可而止；（2）演唱时有些字应该加重字头，要做到咬而不紧，归韵到位；（3）歌曲中的花舌"嘚儿"要运用得灵活一些。

4.《红花朵朵献雷锋》

该曲由丁任作词，金西作曲，为乐段结构的分节歌形式，七声清乐宫调式。全曲共四段唱词，每段均以红色花朵引入：第一段以"一朵"红花引入，叙述雷锋是党的好儿女、青年先锋、好榜样等多重身份；第二段以"二朵"红花引入，叙述雷锋忠孝仁义的崇高事迹；第三段以"三朵"红花引入，叙述雷锋舍己为人、不畏艰难险阻的高尚品德；第四段以"朵朵"红花引入，是对全曲的升华总结——只要雷锋精神永在，世界上就会有千百万个"雷锋"站起来！

5.《微山湖采菱歌》

该曲由孙洪威作词，金西作曲，为带引段的再现单二部结构，徵调式。引段节奏自由，仿佛置身于波光荡漾的湖区之中；第一段描写了微山湖丰收的景象；第二段通过大段衬词和扩充句的运用，表现了人们面对丰收景色的喜悦之情。

演唱该曲时速度稍快，声音中要透出喜悦的情绪。除此还应注意：（1）引子部分应自由些，表现出微山湖的宽广，个别音可以稍稍延长时值；（2）装饰音和装饰记号要表现得清晰、灵活；（3）旋律中的十六分音符要表现得富有弹性，以凸显欢快的情绪；（4）咬字时要轻咬、快咬，像说话一样的自如。总之，表演时要细、柔、美，把人物、美景融在一起，用心歌唱。

6.《我唱家乡美景多》

该曲由周冰作词，松山改词，金西作曲，为带引段和尾声的再现单二部结构，徵调式。歌曲赞颂了家乡的美景，抒发了作者的浓浓乡情。引段以唱词"哎咳"直抒胸怀的引入，节奏自由；第一段赞叹家乡的青山绿水，将自己对家乡的浓厚情感进行了深沉抒发；第二段以扩充的衬词句形成歌曲的高潮，表达家乡丰收的喜悦；尾声与引段类似,依旧是直抒胸臆,是朴素的人民毫不吝啬的对家乡的赞美。

7.《家乡的河母亲的河》

该曲由吕桂宝作词,金西作曲。歌曲为带尾声的对比二段体结构,徵调式。第一段为句式长短不一的四句体结构,第四乐句通过衬词扩充,描绘了流经家乡的黄河景象;第二段首先进行了节奏紧缩,转换为叙事性语气,之后引出了节奏宽广的高潮句,后转入补充性的尾声结束,表达了对母亲河的深沉情感。

演唱该曲时应注意:(1)第41、49小节中的"fa—la"六度下跳音程,演唱时"fa"可加滑音,这样风格性上会更强一些;(2)节奏不要"抢",应用中速稍慢的节奏;(4)咬字不要太重,但在第11小节的最后一个"啦"、第14小节的"啦"和第41小节的"亲"字,应加重字头唱,这样更能表现出对家乡的爱。

8.《明湖秀丽风光美》

该曲由刘萍作词,金西作曲,是一首描绘济南美景的抒情歌曲。歌曲为带尾声的对比二段式结构,宫调式。第一段为四句体,描绘了济南的景色;第二段节奏紧缩,音乐转为叙事性,之后通过衬句引出全曲的高潮;第三句情绪回落,结束乐段;尾声为补充性,节奏自由。

演唱该曲时要注意:(1)附点音符节奏要准确、突出;(2)在咬字时,字头要"咬而不紧";(3)歌唱时声音要流畅、委婉、内敛,用赞美的语气表现。

9.《泰山景》

该曲又名《泰山颂》,由丁恩昌作词,金西作曲。歌曲为二段体结构,六声宫调式。第一乐段结构方整,仅在第二句句尾处以经过音的形式加入偏音变宫。第二乐段叙事性加强,从岱宗坊、王母池、红门、万仙楼、斗母宫等一路"唱到"玉皇顶,仿佛置身于泰山之中,之后进行扩充发展,尽显五岳独尊之奇、之险、之秀、之幽、之奥、之旷,泰山之巍峨使"人添豪情、国增辉",展现出对齐鲁大地的热爱以及中华儿女的骄傲与自豪。

演唱该曲时应注意:(1)咬字不能咬得太重,要轻收字尾;(2)演唱者要以饱满、自豪、身临其境的心态,描绘泰山的美景;(3)声音要张弛有度、富有弹性,声情并茂地表达。

10.《牡丹美》

该曲素材来源于牡丹之乡菏泽，由丁恩昌作词，金西作曲。歌曲为二段体结构，徵调式。旋律线条以三度以内平稳进行为主，运用简洁而明快的旋律赞扬牡丹在冰封大地时孕育生机，春风吹来时带给人间美丽，充分展现出它作为"花中之王"的俊俏与魅力。

演唱该曲时应注意：（1）适当加重字头，轻收字尾；（2）演唱者情绪要饱满，如"花开千层赛玉盘，年年岁岁增新蕾"，要带着无比自豪的心情表现；（3）尽可能把休止表现得有弹性。整首作品要保持流畅、委婉的表达方式。

11.《高山上的百灵鸟》

该曲由陈倩作词，金西、占河作曲，为二段体结构，宫调式，是一首民族花腔女高音歌曲。第一乐段旋律轻快而欢愉，传递着对自然和生活的热爱，大篇幅的花腔唱段仿佛百灵鸟在高山间跳跃飞舞，表现出对大自然和生命的赞颂；第二乐段"转身看向"春耕麦苗与我国农业现代化新进程，更是让中华儿女如同百灵鸟的叫声一般情不自禁地开怀大笑。

演唱该曲时应注意：（1）大量的十六分音符要唱得清晰、有弹性；（2）跳音要唱得灵活、轻巧，如小鸟的叫声那样美丽；（3）第二乐段的演唱，声音要连贯，用赞美的语气；（4）唱词轻咬轻收，表现出人们对家乡美景和幸福生活的赞美之情。

12.《山东，我亲爱的家乡》

该曲由张希武作词，金西作曲，描写了山东的风土人情和山东人民纯朴、热情的品质，是一首男女都可以演唱的作品。歌曲为带补充的并列三段体结构，徵调式。第一乐段为方整的四句体结构，具有咏叙的特点；第二乐段两个乐句情绪先抑后扬，节奏先紧后松，具有承递的特点；第三乐段通过衬句引出高潮，并再现第 ·乐段最后乐句的材料结束乐段；之后以补充句结束全曲。

演唱该曲时应注意：（1）保持中速，演唱富于深刻的情感，怀揣对家乡的思念之情；（2）唱词轻咬轻收，圆润细腻，腹音拉长，尾音要轻收；（3）歌中的"啊"字要唱出自豪的情感，全曲要带着亲切、热忱的情绪，贯穿始终。

13.《想起了咱们的好日子》

该曲由田青作词，金西作曲，是一首扎根于劳动人民、赞叹劳动人民美好生活的描绘性作品。歌曲为对比二段体结构，徵调式，以不同的视角展示了劳动人民的喜悦。第一乐段采用了民间号子领唱与合唱交替的形式，情绪舒缓，为陈述性乐段；第二乐段领唱与合唱构成支声式结合，表达对美好生活的无限憧憬和热爱。

演唱该曲时要注意两段速度一缓一快，从而形成鲜明的对比。

14.《光辉的太阳》

该曲是金西作曲的一首新疆风格的作品，以新疆地区传统乐器冬不拉为切入点，进而引出对党和祖国的赞美。歌曲为并列式二段体结构，宫调式。第一乐段以幸福的时代为楔子，对共产党进行赞美，以四句不同的唱词分别从多个角度表达了对党的爱戴和拥护；第二乐段先是由衬句形成情绪的高潮，之后通过由高及低的两个乐句结束全曲，体现了党对于新时代的祖国建设以及人民群众的幸福做出的不懈努力。

演唱该曲时要注意：（1）全曲的小附点节奏的准确性；（2）第二乐段要以激越情绪来演唱；（3）要准确把握全曲的地域风格。

15.《我到沂蒙来拜年》

该曲由范作军作词，金西作曲，表现了沂蒙山区过年时家家户户张灯结彩、喜气洋洋的欢乐场面和老区人民对浴血奋战、流血牺牲烈士的怀念之情。歌曲为再现三段体，徵调式。第一乐段用戏曲中紧拉慢唱的手法，表现了热闹的节日气氛；第二乐段速度变慢，具有回忆般的叙事特性，最后一个乐句通过音区的升高和节奏的宽放来形成全曲的情感高潮；第三乐段变化再现第一乐段。

演唱该曲时要注意：（1）第一乐段和第三乐段用喜悦的心情演唱，第二乐段较为抒情，用回忆叙述的语气演唱；（2）第47、48两小节要唱连贯，衬词"哪"到"嗯"，要唱出陶醉的感觉；（3）附点音符要加强些，要唱出沂蒙山人的自豪与豪放。

16.《风儿哟风儿》

该曲由张志民作词，金西作曲，描绘了劳动人民富足的生活和美满的爱情。歌曲为再现四段体结构，羽调式。第一乐段似引子，奠定了全曲的基调，十分含蓄地表现了男女之间的春心萌动；第二乐段速度略快，具有叙事性，体现了小伙对心爱姑娘的爱慕之情；第三乐段音区升高，节奏宽放，为全曲的高潮段落，表现了小伙对姑娘的思念之情；第四乐段再现了第一乐段的速度和材料，描述了小伙驾船去接自己心爱的女孩，再一次体现了他的迫切和喜悦之情。

演唱该曲时要注意：（1）第一乐段要注意整体节奏的流动性；（2）第二乐段注意把握情绪的细微变化；（3）第三乐段要注意推动高潮时的力度变化。

17.《唱起山歌乐悠悠》

该曲取材于山东民歌《唱灯》，由陈倩作词，金西、占河编曲。作曲家在原有民歌曲调的基础上进行了较大幅度的改编。歌曲为三段体结构，宫调式。在节奏自由、旋律优美的引子后，作曲家用欢快的旋律描绘出一幅潺潺沂河水、巍巍沂蒙山，一位姑娘手抱柳琴、放声歌唱家乡的画面；随后速度稍慢，姑娘漫步于家乡的千顷棉田、万亩庄稼的丰收景象中，一段轻巧的花腔唱段再次推动全曲情绪的发展，表达出山东农民对美好生活的向往以及对家乡的热爱之情。

演唱该曲时应注意：（1）第一乐段为引子，可用自由节奏演唱，表现出沂河两岸的宽广、辽阔，与沂蒙山人宽广的胸怀和喜悦的心情；（2）第二乐段中速稍快，作者在这段音乐中引用了山东民歌《唱灯》的音乐元素，演唱时注意旋律中的十六分音符，每个音都要唱清楚；（3）第三乐段中速稍慢，表现出姑娘以平静的心情行走在家乡的山水之间，赞美丰收的景象；（4）花腔部分（上下两句）要唱得一强一弱，好像山谷里的回响。

18.《微山湖荡起采莲船》

该曲由陈倩作词，金西作曲，表现了生活在微山湖边的一群姑娘，驾着小船在湖上采莲的景象。歌曲为再现二段体结构，徵调式。第一乐段为起承转合式结构，描绘了湖上的秀美风光；第二乐段第一乐句通过大篇幅的衬词的运用，形成全曲的高潮，第二乐句为第一乐段第三、四句的综合再现。

演唱该曲时应注意：（1）唱出三拍子"强—弱—弱"的节奏感，凸显小船在湖中荡漾的动感；（2）跳音和休止符要表达清晰，凸显姑娘们采莲时欢愉的心情；（3）谱面上的强弱记号要表现得特别准确；（4）此曲自始至终要带着喜悦之情去演唱。

19.《我们快乐的把歌唱》

该曲由陈镒康、张秋生作词，金西作曲，表现了人民群众对生活的赞美以及对未来的无限憧憬。歌曲为并列三段体结构，羽调式。第一乐段生动地表现了小毛驴的俏皮轻灵，为全曲奠定了基调；第二乐段节奏紧缩，具有叙事性；第三乐段先是由篇幅较长的衬句引出全曲的高潮，之后通过再现第一乐段的材料结束该段；最后是节奏自由的补充段落。

演唱该曲时要注意：（1）第一乐段要把握好节奏，快慢适宜；（2）整首歌曲要以自豪中略带诙谐的情感去演唱。

20.《唱吧！欢乐的小鸟》

该曲由天高作词，金西作曲，为并列三段体结构，大调式。第一乐段描绘了在朝阳下歌唱的小鸟，表达出人们对美好未来的憧憬和对美好生活的希望；第二乐段为抒情段落，将个人的家国情怀以及对祖国的热爱进行充分的表达；第三乐段首先是大篇幅的衬词，表现出激动的情绪；之后通过综合第一乐段的材料结束该段；最后为节奏自由的补充段落，结束该曲。

演唱该曲时要注意：（1）第一乐段的休止符要准确；（2）演唱第三乐段的衬词"来"的时候，要将喜悦之情藏于诙谐的唱词之中，既含蓄又热烈。

21.《回到久别的故乡》

该曲由周冰作词，金西作曲，是一首表达战士归家后感叹故乡的作品。歌曲为再现三段体结构，徵调式。第一乐段是陈述性的引子，对自己的故乡进行了描绘，表达了对故乡的思念；第二乐段则具有悲壮的氛围，展现出战争后的惨烈，以及对故乡发展之快的感叹；第三乐段为再现，回到了自由、抒情的段落中，结束全曲。

22.《养蜂姑娘》

该曲取材于山东民歌，由孙洪威、于卫星作词，金西作曲。歌曲为四句体乐段结构，五声羽调式，节奏欢快，旋律流畅，具有质朴、淳厚和诙谐、风趣的特点，表现了山东人民朴实的性情。歌曲把蜜蜂的嗡嗡叫比喻成纺织车吱吱的响声，借物喻人，表达出对养蜂姑娘的赞美。旋律运用了大量的山东民歌特性旋法，如倚音、滑音等装饰音的运用，以及演唱者甩腔、花腔等演唱技法的运用，构成了浓郁的地域性风格因素。

演唱该曲时要注意：（1）节奏虽快，但不能"抢"；（2）演唱时仿佛看到蜜蜂在辛勤劳动的场景，表现出养蜂姑娘的收获的甜蜜与幸福。

23.《采山花的姑娘》

该曲由范作军作词，金西作曲，是一首描绘姑娘在山间采花的作品。歌曲为再现三段体结构，宫调式。第一乐段为四句体结构，描绘了姑娘美丽的穿着打扮；第二乐段首先是引向高潮的衬句，之后通过"人比山美"的赞叹，再次肯定了姑娘的姣好容貌；第三乐段再现了第一乐段。

演唱该曲时需要注意全曲大量的音程跳进，要保持好音准，而小三度的演唱更是全曲韵味的体现，需要认真掌握和处理。

24.《夸地瓜》

该曲由周冰改词，金西作曲，歌曲为四句体乐段结构，徵调式。歌曲通过对农作物地瓜的夸赞，描绘了人民粮食丰收及丰衣足食的美好景象。

演唱该曲时需要注意速度合理，同时注意山东民歌韵味的把握和表演时舞台感的把控。

25.《挑花边》

该曲由周祥钧作词，金西作曲，由山东德州民歌《放风筝》改编而来，也可称为"绣花边"。歌曲为二段体结构，六声徵调式。第一乐段为主歌，借用钩花针、线和泰山、西湖的景色来表达内心对少女的怜爱之情；第二乐段为副歌，通过主题"挑花边"来抒发内心的情感。歌曲主、副歌对比明显，借物抒情，运用燕子、蝴蝶等景物来比喻姑娘挑花边时手在纱间的游走与摇曳所展现出的浪漫姿态。

演唱该曲时应注意：（1）节奏欢快，但不要"抢"；（2）要把精心细作的感觉贯穿于整个演唱中；（3）咬字时字头不宜过重，做到咬而不紧，这样更显姑娘的愉悦心情；（4）上下滑音唱得轻巧些，跳音可短促灵活些，这样更能表现喜悦和幸福之感。

26.《春夜》

该曲由陈倩作词，金西作曲，是一首以描绘春天的夜晚明月映照大地，感叹生活无限美好的作品。歌曲为对比二段体结构，宫调式。第一乐段以"明月春夜"对主题进行呼应，对场景进行铺垫；第二乐段则是借景抒情，以垂柳晨光感叹对自由的向往，表达了壮志难酬的心境。

在演唱该曲时，要注意控制好速度，同时咬字吐音要清晰，要把每一个字头清晰地发出来。

27.《有一条这样的河》

该曲由孙洪威作词，金西作曲。歌曲为二段体结构（变化重复第二乐段），五声宫调式。歌曲通过舒缓的节奏和叙事性的旋律描绘了一条流自天边的河流。这条河流象征着生命的循环和永恒的美丽，仿佛一位美丽的姑娘站在河边，倾听河水轻轻地唱歌，探索生命的秘密，不留恋过去的风光，而在寻找未来的目标，充分引发人们对生命、爱情和信念的思考。

演唱该曲时应注意：（1）声音不要太"冲"，保持深情而平稳的心态，缓缓地送出；（2）咬字时字头不要过紧，应轻咬轻收，好像是黄河的水平静地流进大海一样。

28.《节日圆舞曲》

该曲由沙夫作词，金西作曲，是一首表现年轻人在节日相遇，表达对未来的憧憬、抒发内心情感的作品。该曲为对比二段体结构，大调式。

演唱该曲时应注意：（1）节奏欢快、动感性强，注意三拍子的律动特点；（2）咬字时要轻咬轻放；（3）全曲充满自信、自豪和欢快的情感，唱出年轻人喜悦、欢快的朝气。

29.《扬起鞭子唱起歌》

该曲由丛笪作词，金西作曲，是一首描写劳动人民建设家园，创造幸福生活的作品。歌曲为对比二段体结构，徵调式。第一乐段为四句体结构，描写了马车行驶的景象和驾车者的喜悦之情；第二乐段为加衬字的四句体结构，描绘修筑拦水坝时人们欢欣鼓舞的心情以及对美好未来的期盼，以及人们通过自己勤劳的双手实现美好生活、幸福美满的景象。

演唱该曲时要注意把握好下滑音的韵味，不要太"直"，更不能掺杂太多的表情。

30.《沂蒙山里果树多》

该曲由丁恩昌作词，刘凤锦、金西作曲，与《我的家乡沂蒙山》《请到沂蒙看金秋》《我到沂蒙来拜年》同为金西创作的讴歌沂蒙大地的作品。歌曲为五句式非方整性乐段结构，六声徵调式，将核桃、黄梨、大枣、栗子等比喻为珍珠玛瑙，将家乡沂蒙山比喻为"金银窝"，深情唱出这首"丰收歌"，将沂蒙山的好风光展现得淋漓尽致，表现了沂蒙儿女的丰收之喜，以及对家乡的热爱与幸福生活的赞叹。

演唱该曲时应注意：（1）演唱者心中要充满自豪感，用心描绘出沂蒙山区秋天的丰收景象；（2）第19、25小节的七度大跳音程要唱准确，这也是此歌曲的经典之处；（3）速度不要"强"，中速即可。

31.《怀念敬爱的周总理》

该曲由王音旋作词，金西作曲。歌曲为乐段结构的分节歌形式，六声徵调式，在"敬爱的周总理，我们怀念您"的深情咏叹下，描述了周总理的英勇奋斗与鞠躬尽瘁；赞扬了周总理为了维护党的团结所做出的贡献，以及艰苦朴素的优良作风；同时号召人民传承总理为人民、为党、为国家的无私奉献精神。

演唱该曲时应注意：（1）带着深情、怀念的情绪去演唱；（2）速度中速稍慢；（3）歌词中的"理、您、党、里、为"等字应加重字头，这样唱出的声音更加深情。

32.《石油工人意志坚》

该曲由刘青作词，金西作曲，表达了对建国初期为石油工业做出贡献的石油工人的崇高赞叹。歌曲为对比二段体结构，宫调式。第一乐段叙事风格，赞叹石油工人的聪明智慧以及不屈的精神；第二乐段具有抒情性，描写石油工人对祖国建设起到的不可磨灭的作用。

二、其他作者创作歌曲

1.《盼解放》

该曲是电影《苦菜花》的主题曲。电影《苦菜花》根据冯德英同名小说改编，1965 年摄制并上映。其系列插曲由集体作词，肖珩作曲，同年由中国唱片社发行（唱片编号 1–7447），共有《盼解放》《支前小唱》《烈士的颂歌》《永远跟着共产党》四首，是我国最早的一批战争题材电影音乐的代表性作品，本卷均收录其中。

《盼解放》是四句体乐段结构，七声清乐徵调式，旋律抒情、悲愤，描绘了抗战时期人民备受日本侵略者压迫的悲惨境遇，同时也表达了劳动人民对翻身做主人的无限向往。

2.《支前小唱》

该曲亦是电影《苦菜花》插曲，取材于民间歌舞音乐，为再现单三部结构，徵调式。第一乐段为齐唱，情绪热烈；第二乐段为独唱，速度稍慢，具有抒情性；第三乐段再现了第一部分，并在欢快而热烈的情绪中结束。

3.《烈士的颂歌》

该曲亦是电影《苦菜花》插曲，为四句体乐段结构，徵调式。前奏运用了国际歌的素材，同时用独唱与合唱前后交替的形式，表现了对革命烈士的深沉赞颂，是中国人民不畏艰险，奋勇杀敌，最终取得战争胜利的真实写照。

4.《永远跟着共产党》

该曲亦是电影《苦菜花》插曲，在《盼解放》四句体乐段的基础上，加快了速度，并融入了《支前小唱》畅意的快板旋律，以昂扬的合唱结束全曲，在形式与旋律上恰是前三首插曲的融合，表现了被解放劳动妇女对美好生产、生活的向往与激情及浓厚的爱国主义情感。

5.《苦菜花开闪金光》

电影《苦菜花》系列的插曲脍炙人口、传唱至今，演变出不同的版本，比较有代表性的有：2005 年《中国电影百年歌曲精粹（1960—70 年代）》，将《盼解放》与

《永远跟着共产党》直接串联，重命名为《苦菜花开闪金光》。该版本当下较为流行，故收入附录音频。

6.《苦菜花》(全套插曲)

本曲是《盼解放》《支前小唱》《烈士的颂歌》《永远跟着共产党》依次串联之版本，原取末句高潮"永远跟着共产党"为曲名，本卷为与前曲区分，将其更名为《苦菜花》。该版本可供聆听系列插曲全貌，亦有收藏价值，故一并收入附录音频。

7.《琴声悠悠唱济南》

该曲又名《歌唱济南好风光》，为电影《大浪淘沙》插曲，由车明作词、作曲。全曲舒缓委婉，为方整性四句式结构。第一、二乐段将济南的大明湖、千佛山、七十二泉的美丽景象娓娓道来，"唱也唱不完"；第三乐段直抒"富人游山玩水"与"穷人街头饱受饥寒"的鲜明对比，再现了革命战争时期风云变幻的历史场景以及不同阶层人生命运截然不同的社会现实。演唱时要注意不同情绪的转换和对比，要恰到好处。

8.《谁不说俺家乡好》

该曲为电影《红日》插曲，由吕其明、杨庶正、肖培珩作词、作曲，曲调取材于胶州民歌《赶集》，为再现二段体结构，徵调式。第一乐段是对家乡景色的描绘；第二乐段以衬词"哎"引出对比段，将歌曲推向情感的高潮。歌曲深切唱出人民对家乡、解放区和解放军的热爱，描绘出一幅"军爱民，民拥军，军民团结一家亲"的感人景象。

9.《天上北斗亮晶晶》

该曲又名《运河儿女心向党》，为电影《大刀记》插曲，由邱勋作词，肖珩作曲。为非方整性乐段结构，七声雅乐徵调式。歌曲抒情悠扬，充满了对美好未来的向往，正如歌词"运河儿女心向党，子弟兵和咱亲又亲"，书写了人民与党的生死相依，抒发了人民与子弟兵的融融深情，表达出对革命终将胜利的信念。

10.《啊！柳泉，蒲松龄的故乡》

该曲由雁翔作词，徐学吉作曲，是一首赞叹山东淄川蒲松龄故乡的作品。络绎不绝的游人、旖旎精灵的故事，寄托了人世间的风华与沧桑。

演唱该曲时要注意♯7到♮7的转换，以及丰富的装饰音的音准和整体的流畅性。

11.《蓬莱景》

该曲由于景作词，臧东升作曲。歌曲为并列二段体结构，七声清乐羽调式，是一首描绘"人间仙境"蓬莱的作品。第一乐段为四句体结构，描绘了蓬莱仙境的美丽景色；第二乐段通过节奏宽放的衬句推向全曲高潮，并通过再次感叹蓬莱仙境之美，表达对生活的热爱之情。

12.《浪花》

该曲由曾宪瑞作词，孙继南作曲。歌曲为并列三部结构，宫调式。歌曲第一乐段较为抒情，第二乐段略有叙事特点，第三乐段通过衬词的运用将音乐推向高潮并深情地结束全曲。歌曲十分巧妙地运用拟物手法进行创作，加上现代电声乐器的伴奏，仿佛浪花置于眼前，具有较强的画面感。

三、民　歌

1.《沂蒙山小调》

该曲是山东临沂民歌的代表，由河北民歌《小白菜》演化而来，为四句体单乐段结构，徵调式。音乐飘逸而深沉，流利而婉转。

演唱该曲时要注意呼吸的频率，保持气息的平稳与音的清晰。在唱词中，要咬字清晰、字正腔圆，并结合山东方言的说话特点来演唱。因此，歌曲中的"说""山""光"都需要唱成四声，充分展示出山东方言的独特性。

2.《妈妈娘你好糊涂》

该曲为辽宁民歌，为五句体乐段结构，羽调式。音乐性格轻快，风趣幽默。

演唱该曲时需要用甜美、细腻、干净的音色。在演唱中，要注意保持气息的连贯与音的清晰。歌曲最后一句是衬词"哎咳哎咳哟喂"，在演唱的时候需要把握音准，同时不能脱离腔体，及保证高位置；歌曲共八段唱词，演唱时要注意合理分配气息，保持兴奋的状态与气息的稳定，用气息的支撑来推动情绪完整表现全曲。

3.《撒大泼》

该曲为山东临清民歌，为多乐句乐段结构，羽调式，音乐性格诙谐风趣。

演唱该曲时要注意衬词的咬字一定要清楚有力。首字的"咳"发作"eng"，实为一个哼鸣，在元音"e"的基础上，迅速将舌位后移，上抬舌根，抵住软腭。该句的"哟"字应按临清方言发"yue"，且处于重拍，演唱时应作加重喷吐处理，双唇突出，着力在前，气息经过双唇要集中有力。

4.《赶牛山》

该曲为山东淄博民歌，为对比二段式结构，徵调式。音乐风趣诙谐，富有生活气息，描绘了淄博的风土人情。

演唱该曲时要注意如下几点：（1）三段歌词中"三""水""镜"是本曲中出现的第一个甩腔，要注意声音的柔韧性，不可以用硬机能去演唱此处；（2）"巴拉""哟"这两个语气衬词要咬字清晰，不能"吃"字；（3）第二乐段第1小节中的"淄"字按照淄博的方言习惯发成平声"zhi"；"滩"字，要把"儿化音"加入其中；（4）演唱第二句和第三句时，声音的画面感要突出，气息连贯性要加强；（5）"么"字的发音要读成"ma"，"嗨"字要稍带一点托腔的味道；（6）在咬字时，一连串的"流"字容易发音模糊，要减少口腔参与咬字的成分，同时保持口型，依靠舌头前端的灵活性发音。

5.《王大娘喂鸡》

该曲为山东夏津民歌，由宋云庆填词，是20世纪50年代后，在传统地方性民歌的基础上重新挖掘、整理出的"新民歌"。该曲曾在山东省群众歌舞会演中获"创作奖"，并被收入《中国民歌集》与《山东民歌歌曲选》。歌曲为四句体乐段结构，六声宫调式，具有浓郁的戏曲音乐风格。歌词风趣诙谐、朴实亲切，节奏轻快流畅，旋律模仿地方方言腔调，描绘出一个王大娘喂鸡的热闹生活场景。

演唱该曲时，要根据人物朴实的性格特点，细腻的处理。要注意将句末尾音的前倚音表达清晰，装饰音可稍作停留，以把握音符的准确度，也要注意甩音不能脱离腔体，保证高位置。在歌曲第15小节至第16小节"一、二、三、四"中每一个字后面加入了八分休止符，演唱时要注意唱出空拍轻巧的感觉。

6.《五更小唱》

该曲为山东枣庄民歌，四句体乐段结构，徵调式。歌曲共五段唱词。前四段情绪活泼，描绘了乡村生活的动人景致。最后一段速度放慢，描绘了辛勤建设新家园，追求幸福生活的新生活场景。

演唱该曲时要注意：第一句中的"一呀么一更里呀"中的"里"，要把"儿化音"自然地加入进去，要注意声音的柔韧性，不可以用硬机能去演唱此处，切勿把"里"和"儿"分离开。后四段均作同样处理。歌曲第12小节与第29小节的"欢""山""摇""圈"，在演唱时使用花腔唱法，注意咬字清晰，并唱出轻巧的感觉。在歌曲第三乐段、第四乐段中，第30小节强拍处"一""鹅"运用甩音，演唱时要注意合理分配气息，保持兴奋的状态与气息的稳定，用气息的支撑来推动情绪，完整表现甩音部分。歌曲最后一乐段前两句速度放慢，第二句尾音做自由延长，在第三句回到原速度，歌曲的最后一个字"咳"长达七拍，要用强大的气息支撑到歌曲结束。

7.《大辫子甩三甩》

该曲为山东泗水民歌，为四句体乐段结构的三次反复，徵调式。歌曲用诙谐幽默中带有浓浓抒情意味的级进旋律，表现了新社会年轻女子对参军情郎，从分别到期盼其荣归故里，并与之团圆的深沉情感。

演唱该曲时要注意：歌曲每句句头都有前倚音以及波音，句尾有尾音等装饰，演唱时要根据济宁人民朴实的性格特点进行细腻处理，把握音高的准确度，保证高位置；同时也要很好地把握歌词的含义以及旋律的韵味，注意咬字以及归韵，如"大辫子甩三甩"的"甩"字，要归到"ai"上等；在情感表达上，要准确地将"妮儿""娘"两种不同的音乐性格，用情感饱满的声音表达出来。

8.《绣荷包》

该曲为山东高密民歌，旋律优美，节奏欢快，带装饰性的变音较多，具有典型的地域特征。歌曲为非方整乐段结构，采用带变宫的六声羽调式，共三段唱词，主要描述三个时间段（一更、三更、五更）中姑娘为情郎绣荷包、送荷包的情景，通过小小的荷包含蓄地表达对情郎的真挚情感，塑造了山东姑娘朴实、善良又勤劳的形象。

演唱该曲时要注意：在演唱作品时，要身临其境地融入自己的真实情感，将声音用气息串联起来。声音要贴着咽腔，并建立在同一管道上，从而使得气息更深、位置升高，高到眉心处下落。演唱要注意气口，尽量选择在附点或切分节奏弱拍前巧换气息，使表达更为自然，同时增强音乐律动感；演唱"大切分"节奏型时音量不能忽大忽小，要具备气息的控制力。该曲衬词少而集中，其中"哪咳呀唵"对应完整句子后的一串拖腔，演唱时要求气随腔走，保证气息的平稳及流畅，且在过程中要保持歌唱音色的统一，防止真声与假声脱节。

9.《绣荷包》

该曲是山东龙口民歌，为句式多变的四句体乐段结构，羽调式。歌词与山西的《绣荷包》大同小异，描绘了姑娘通过绣荷包表达对心上人的爱慕和暗恋。

演唱该曲时要注意歌曲方言特征，歌曲中均有典型的代表字，像"梢"读"sao"，"热"读"ye"，"初"字需撮嘴且运用舌尖与上牙将气息送出，读"cu"等。另外，由于深受该地区流行的海洋号子影响，其"哎嗨哟"也成为此地典型的衬词。东莱片方言咬字时舌牙参与较多，声母多为舌尖前音，发音听起来较为"懒""浊"，方言每字音调坡度大。演唱时应注意旋律线条的流畅性，将声音用气息串联起来。乐句首尾常有前倚音，要表达清晰，可在装饰音上稍作停留。

10.《对花》

该曲为山东聊城民歌，结构为双句体乐段的四次变化重复，羽调式。歌曲旋律跳跃欢快，曲调明朗，节奏较为密集。衬词多为"那嘚儿""呀哈哎（啊）""嘚儿撒""×不楞僧"等，有着浓郁的本土文化特色。

演唱该曲时要求气随腔走，保证气息的平稳及流畅，且在过程中要保持歌唱音色的统一，防止真声与假声脱节。在演唱发声中要求气息松弛均匀，表现出轻快、跳跃的音乐色彩，另需要特别注意对山东地区民间小调抒情性风格的把控。

11.《包楞调》

该曲为山东成武民歌，是一首具有民族花腔特点的演唱难度极大的民歌。歌曲为六句体乐段结构，徵调式，通过大篇幅衬词的运用形成句式结构的灵活变化，极大地增加了其幽默风趣的音乐情绪，表现了农村姑娘热爱生活的乐观性格。

该曲充满了浓郁的地方方言韵味，因此在演唱时要特别注意方言衬词的准确处理。如歌曲第三段开头的"一对对"的"对"，要唱成"对儿"；三段中都出现的"白"要发"bei"音；同时前两个乐句结束的分别落在"楞""红"，其发音都应是后鼻音；最后着重谈一下该曲的衬词"楞"，该衬词在该曲中占用了大段篇幅，出现的次数多、频率高，与之对应的旋律也多为四个十六分的节奏型，所以在快节奏的咬字、吐字、换字过程中，要注意腔体状态的稳定以保持"eng"的准确性，同时在气息良好的支撑下，尽量不要有过大的口型变化，让每个"楞"字通过舌尖的灵活运动实现清晰的发音。这个衬词处理好了，整首歌曲也就鲜活了起来。

12.《对花》

该曲为山东鄄城民歌，为民歌中少有的再现二段体结构，徵调式。歌曲中使用了大量的八分音符，中速，节奏欢快，性格风趣幽默。歌曲衬词较多而集中，主要有"那""哎""× 不隆咚咿呀嗨"等。其中"× 不隆咚咿呀嗨"单独成句，重复两次。

演唱该曲时要求气随腔走，保证气息的平稳及流畅，且要保持歌唱音色的统一，防止真声与假声脱节。在演唱时也要注意衬词不能够脱离腔体，要保证高位置。

13.《裁单裤》

该曲为山东商河民歌，是一首男女对唱歌曲。歌曲为对比二段式结构，徵调式。第一乐段由三个乐句构成，具有诙谐的叙事性格；第二乐段也是三个乐句构成，为男女对唱，描绘了男女一问一答的生活场景。

《裁单裤》多使用八分音符、十六分音符，节奏较为密集，演唱时要注意咬字清晰，字正腔圆，声音坚实，保持音色的统一。在轻巧控制歌唱气息时，轻松而灵动柔和地将装饰音清晰的传送给听众，给听众一种欢快愉悦的感受。衬词"哟嗬""咿呀咳""呀咳"等演唱时不可一笔带过，在确保字头清晰的基础上，力度适中，虚实自如。

14.《二妹子》

该曲为山东微山民歌，歌曲为四句体乐段结构的变化重复，宫调式，节奏欢快，语调风趣幽默，唱词故事性、画面感强。

演唱该曲时要注意：（1）演唱"个""哎""乖乖""那个"等衬词要气随腔走，保证气息的平稳及流畅与音色的统一。同时注意不能够脱离腔体，保证高位置。（2）声音保持高位置，气息通畅，以保证旋律线条的流动。在演唱时要运用山东方言独特的腔调，例如歌曲最后一句中的"光"字，增强了唱词的俏皮感。

15.《纺棉花》

该曲为山东苍山民歌，歌曲为四句体乐段结构，宫调式，旋律欢快，性格活跃，描绘了家家户户纺棉花的劳动景象。

演唱该曲时应注意：（1）用清脆愉悦的声音表现，更能突出这首歌曲的特色；（2）旋律中的装饰音尽可能唱清楚；（3）演唱时唱腔要圆润轻巧，速度稍快，增强欢快之感。

16.《傅二姐赶庙》

该曲为山东平度民歌，歌曲为对比二段体结构，徵调式。旋律较为欢快，歌词内容生动有趣，描绘了傅二姐赶庙会时的情景。

演唱该曲时应注意：（1）用明亮饱满的声音表现，更能体现该曲的特色；（2）旋律中加入了大量的下滑音，演唱时要清晰、准确；（3）在演唱大量衬词时，要字音纯正、收韵完美，这也是该曲的经典之处。

17.《哭长城》

该曲为山东淄博民歌，以民间传说孟姜女寻夫为题材，为起承转合式四句体乐段及其扩充性变化重复结构，徵调式。旋律框架与江苏的《孟姜女》基本相同，显示出二者之间的源流关系。

演唱该曲时应注意：（1）该曲歌词哀怨深情，曲调委婉细腻，演唱时要倾注对孟姜女深切的同情，借以抒发受压迫者内心的悲怨；（2）旋律中的前倚音时值较短，需尽可能唱得清晰；（3）演唱时准确把握节奏，速度不要过快，中速即可。

18.《手把着槐树看郎来》

该曲为山东枣庄民歌，与四川民歌《槐花几时开》有异曲同工之妙。歌曲为五句体乐段结构，宫调式，用平实的语言结合流畅的旋律，把坠入爱河的姑娘对情郎的思念表达得淋漓尽致。

演唱该曲时应注意：（1）旋律中的上波音需清晰准确地演唱；（2）歌曲中的衬词和衬腔需自如细腻地演唱，由此可使情感表达更加深沉、饱满；（3）全曲情感表达统一，演唱时速度均匀。

19.《梳妆》

该曲为山东武城民歌，为五句体乐段结构，徵调式，描绘了女子梳妆的全过程，用朴素的语言把一个伶俐灵动、风姿绰约的女子形象活脱脱地展现在眼前，表现了女子心中对情郎的爱意。

演唱该曲时应注意：（1）歌曲中的语气助词和儿化音在演唱时需轻唱，营造俏皮的感觉，使人物形象表现得更加生动；（2）全曲情感表达统一，演唱时速度均匀，中速即可。

20.《思夫》

该曲为山东泗水民歌，为方整的四句体乐段结构，宫调式，四个乐句都停顿在宫音上，在民歌中是较为罕见的调式现象。歌曲表达了妻子期盼丈夫回家，控诉了爱人之间的无奈分离，反映了旧社会山东人出门闯荡的悲切境遇。

演唱该曲时应注意：（1）演唱时情感是逐步递进的，即将情真意切的悲凉逐步加深呈现；（2）旋律中的上波音需清晰准确地演唱；（3）发声时声带相对来说比较放松，使声音平稳，具有诉说感。

21.《梧桐叶落金风送》

该曲为山东日照民歌，属于鲁南五大调曲牌。歌曲为四句体乐段的变化重复，羽调式，旋律腔多字少，委婉曲折，具有江南民歌的因素，描绘了秋季萧瑟的景象，表达了女子独自在家的孤单，以及思念、盼望郎君早日归家的情感。

演唱该曲时应注意：（1）此曲节奏较为紧凑，演唱时节奏要准确，速度要慢；（2）歌曲中的衬词和衬腔需婉转细腻地演唱，由此可以增强诉说感，引起听众的共鸣；（3）旋律中加入了大量的装饰音，演唱时要清晰、准确地唱出。

22.《绣灯笼》

该曲为山东宁津民歌，为句式长短不一的乐段结构及其变化反复，羽调式。描写民间风俗，在绣灯笼的过程中，姑娘对爱情的美好期盼，歌曲极具地方风格特色，同时又贴近人们的日常生活。

演唱该曲时应注意：（1）注意歌曲衬词、衬腔的演唱，以此将绣好的灯笼描绘得惟妙惟肖；（2）全曲情感表达统一，演唱时速度均匀，中速即可；（3）旋律中加入了大量的装饰音，演唱时要清晰、准确地唱出。

23.《绣饭单》

该曲为山东武城民歌，歌曲为平行双句体乐段结构及其变化重复，徵调式。歌曲通过对民间手工艺劳动绣饭单的描写，表达了人们对生活的热爱。

演唱该曲时应注意：（1）该曲十六分音符的运用较多，演唱时节奏要唱准确，速度不要过快，中速即可；（2）旋律中加入了大量的装饰音，演唱时要清晰、准确地唱出；（3）注意歌曲衬词衬腔的演唱，以此将绣好的饭单描绘得栩栩如生。

24.《绣荷包》

该曲为山东苍山民歌，为句式长短不一的乐段结构，采用带变宫的六声徵调式，主要通过"绣荷包"这种民俗活动来隐喻地表达爱情。歌曲第一乐段唱词以荷包上所绣的日月星辰、凉船、树梢上的黄莺等暗示女子对情郎的爱意；第二乐段唱词描述女子对心上人的珍重与思念；尾句"送给那郎瞧瞧"体现出女子期盼情郎归来的喜悦与悸动的心情。

演唱该曲时应注意：（1）该曲属于委婉型民间小调，用甜美、清脆的声音表现，搭配地方性的唱腔风格，更能表现其柔美的特色；（2）旋律中加入了大量的装饰音等润腔特色，在演唱时要利用小腹适当控制气息，保证气息平稳、声断气不断；（3）歌曲加入大量衬词、儿化音，在演唱时要结合当地人的说话习惯，注意字声结合的口语化，增强演唱时的表现力，使该曲的表达更加形象生动。

25.《玉美情人》

该曲为山东武城民歌，为母曲【剪靛花】的北方变体。歌曲为五句体乐段结构，宫调式，音乐情绪悲凉，表达了卧病女子对情郎的浓浓爱意和想念以及担忧之情。

演唱该曲时应注意：（1）该曲字少腔多，演唱时节奏要准确；（2）旋律中的装饰音尽可能唱清楚；（3）歌曲中的衬词和衬腔需自如细腻的演唱，由此可以加深女子对情郎的爱意以及担忧之情，使情感表达更加饱满、柔和。

26.《月下纺棉》

该曲为山东安丘民歌，为四句体乐段结构，徵调式。歌曲描绘了解放战争时期王大姐在月下辛勤纺棉的场景，表达了人们期盼获得全面解放的急迫心情。

演唱该曲时应注意：（1）演唱者的情感是逐步递进的，由最初诉说的柔和平静逐步转变为渴望获得解放的激动迫切；（2）歌曲中连音线较多，演唱时注意气息的连贯平稳，声断气不断；（3）第21小节是全曲情绪的最高点，咬字力度要强，尾音要归韵到位。

27.《织兜兜》

该曲为山东苍山民歌，旋律框架与流行于该地区的《绣荷包》相似，歌曲为句式灵活多变的三句体乐段结构，徵调式，通过描绘人们织兜兜这种民俗劳动，表达了姑娘对爱情的向往和对生活的热爱。

演唱该曲时应注意：（1）歌曲中连音线较多，演唱时注意气息的连贯平稳，声断气不断；（2）旋律中的装饰音尽可能唱清楚；（3）歌曲中的衬词在演唱时要结合当地人的说话习惯，注意字声结合的口语化，增强演唱时的表现力，使该歌曲的表达更加形象生动。

28.《大踏青》

该曲为山东苍山民歌，描述了民间少女清明时节踏青放风筝的情景。歌曲结构为多段体分节式，采用带变宫的六声徵调式。歌词内容丰富，带有叙事性，人物、时间、场景皆有涉及。唱腔与衬腔紧密相连，生动地描绘出一幅清明时节少女嬉笑游玩放风筝的山东民俗画卷，透露着浓郁的山东人民质朴生活的民俗风味。

演唱该曲时应注意：（1）该曲衬词丰富，有"哟嗬嗬""呀哈哈哈""啊哎嗨咿""嗯嗻儿咿嗨哟吼吼吼""呀嗬嘿"等多种，贯穿全曲，对应旋律节奏紧凑，需保持稳定的声音位置进行演唱；（2）注意第 64 小节与第 73 小节处的突慢，要及时转换气息与情绪。

29.《看姑娘》

该曲为山东临清民歌，结构短小，采用带变宫的六声徵调式，方言与唱腔高度融合，旋律以二度、三度音程为主，极具民族特色。歌曲第一乐句陈述故事背景，第二乐句讲述故事经过，第三乐句揭露故事结局："他还是（那）看姑娘"起到点题的作用，塑造了三位不同职业的人物为了"看"东庄美丽姑娘的不同反应："卖糖的"错把白碱当冰糖，"剃头的"剃到了耳朵，"走路的"一头碰在槐树上。三段唱词将三幅滑稽画面描绘得惟妙惟肖，从侧面刻画出东庄姑娘的"美"。

演唱该曲时应注意，该曲节奏较为规整，故语气上要轻盈、俏皮一些，以表现唱词描述的诙谐情景。

30.《看郎》

该曲为山东聊城民歌，歌曲结构短小精悍，为非方整结构，带变宫的六声徵调式。主要旋律仅有两句，采用"a+ 衬词""b+ 衬词"的旋律与衬词交替的形式，描述大姐去看望情郎的场景。该曲独唱与合唱相结合，用独唱来表述歌曲主要内容，合唱以衬词相迎合，一唱一和渲染了诙谐的故事场景。

演唱该曲时应注意：（1）每段头字要加重力度，开腔掷地有声；（2）"拿""他""煞""家"对应变宫做下滑处理；（3）第三段歌词伊始突慢，为其后的诙谐场面积蓄力量。

31.《棉乡小唱》

该曲又名《棉乡四季歌》，山东博兴民歌。歌曲篇幅较短，为非方整结构，六声羽调式，演唱方式为一句一衬，描绘了人民四季中的辛勤劳作。歌曲共四段唱词，每段唱词代表一个季节。第一乐段唱词描述春天人民辛勤耕作，马达声阵阵的场景；第二乐段唱词描述夏天人们修棉追肥，干劲十足的场景；第三乐段唱词描述秋天人们辛苦劳作得以回报，喜获丰收的场景；第四乐段唱词描绘冬天人们仍不懈怠，挖沟修渠的场景；尾句"心向北京城"表达山东人民对共产党的真挚感情。该曲不仅突出山东人民热爱劳动的情怀，更是歌颂了社会主义建设的繁荣景象。

演唱该曲时需注意：（1）每段开头的"哎里来"要具有呼号的感觉；（2）歌词与衬词之间气息的连贯；（3）轻巧、跳跃性地将衬词唱出，以衬托的歌词中干劲十足的劳动场面。

32.《四季歌》

该曲为济南历城民歌，歌曲篇幅短小，为"起、承、转、合"的四句结构，七声清乐调式。歌曲分别从春、夏、秋、冬四个季节描述当地人民下田务农，辛勤劳作的场景，充分地展现出山东人民投身于社会主义建设的热忱，也展现出山东人民勤劳质朴的民风民俗。

演唱该曲时注意保持积极的情绪来表现四季劳作的情景，衬词"哎嗨哟"为全曲最高点，注意气息与位置的平稳转换。

33.《绣花针》

该曲为山东济宁民歌，生活气息浓郁，富有济宁地方特色。歌曲为短小的乐段结构，采用带变宫的六声徵调式，表达了热恋中的少女复杂的心理活动及情绪变换。歌曲共有四段唱词，每句唱词都使用相同衬词烘托，但根据唱词变化也表现出不同的音乐情绪，唱腔与衬腔相结合，塑造出丰富的音乐形象。

该曲字少腔多，节奏密集，演唱时需注意气息的合理调节，以保持旋律的流畅起伏；第二句宫音前的倚音时值需稍稍拉长；第25—26小节为本曲情绪高点，需充足的气息支持。

34.《绣针纹》

该曲为山东昌邑民歌，为非方整的乐段结构，七声清乐宫调式，描述女子在房中绣针纹时忽闻有人拜访的情景，表达了女子对心上人到来的期盼之心。歌曲直抒胸臆，曲风淳朴自然，衬词的加入极大地丰富了歌曲的内容，增加了演唱的乐趣，利于演唱者展示深厚的唱功。歌曲节奏前疏后密，体现了山东民歌在节奏上灵活自由的特点，展示出山东民歌的独特魅力。

演唱该曲时应注意：（1）首句"哎哎"虽属不同小节，但要连贯演唱；（2）衬词

"咿呀哎咳咳哟""哎呀哎嘚儿咿嗨哟嚎嗷嗷嗷",需跳跃、轻盈、俏皮地唱出,以表达女子怀春的情绪;(3)"针""线"等字需加儿化音演唱,以体现地域特色。

35.《打秋千》

该曲为山东青州民歌,为对比二段体结构,六声宫调式,描写农历三月初三清明节时,山东各村妇女结伴出游踏青、打秋千的热烈场景。歌曲歌词分为三段。首段抒发"又去打秋千"的愉悦心情;第二段生动地描绘了姑娘们打秋千时的动作和神态;第三段表达了姑娘们回家后意犹未尽、来年再荡的期盼心理与愿望。

演唱该曲时应注意,歌曲在第 16、18 小节后半拍均有一八度大跳(f^1—f^2),且为全曲的最高音,需把握好气息的运用,发出坚实有力的声音。